JN102173

知的障害特別支援学校における

「深い学び」の実現

実現

指導と評価の一体化
事例18

横倉 久

[監修]

全国特別支援学校知的障害教育校長会

[編著]

東洋館出版社

まえがき

　全国特別支援学校知的障害教育校長会では，毎年１冊，特別支援教育の動向を見据え，全国の学校で実践している先進的な事例をまとめ，広く普及するため出版活動を行っている。昨年度は，『学習指導要領 Q&A　特別支援教育［知的障害教育］』を発刊し大変よい評価を得ている。今回は，平成31年１月に発行した『知的障害特別支援学校における深い学びへのアプローチ』の続編として，特別支援学校教育における質の高い学びを実現し，学習内容を深く理解していただきたいと考え『知的障害特別支援学校における「深い学び」の実現―指導と評価の一体化　事例18―』の出版を計画した。

　特別支援学校小学部・小学校では，令和２年度から新たな学習指導要領を基に，教育活動を進め，令和３年度は中学部・中学校，令和４年度は高等部・高等学校の１年次から新学習指導要領に則した教育活動を進めていく。新学習指導要領では，「主体的・対話的で深い学び」を踏まえた授業改善が重要な課題となる。「深い学び」に関しては，教科等の特質に応じた見方・考え方を生かしたり，働かせたりしながら，知識を相互に関連付けてより深く理解していくことや，知識を概念化していくことなどが例示されている。本書では，「深い学び」に焦点を当て，日頃の授業実践の参考となる事例を全国から集め出版した。

　第Ⅰ章の「理論編」では「特別支援学校学習指導要領の改訂のポイントについて」「知的特別支援学校における，資質・能力を育む評価の考え方」として，改めて新学習指導要領の重要なポイントについて整理した。第Ⅱ章の「実践編」では，偏りがないように各教科等のバランスを考え，全国の先生方の実践を「知識及び技能」「思考力，判断力，表現力等」「学びに向かう力，人間性等」の３観点で整理し記載した。第Ⅲ章の「資料編」の「新学習指導要領における各教科の目標」では，各教科の目標を３観点及び段階別に整理し，学習指導案を作成する際に役立つ資料としてまとめた。

　本書は，独立行政法人国立特別支援教育総合研究所情報・支援部上席統括研究員の横倉久先生に監修していただいた。また，全国から多くの教育委員会職員の方々，特別支援学校の先生方に執筆していただいた。ご多忙の中，監修，執筆にご尽力いただき心から感謝申し上げたい。

　本書が，今後推進する学習指導要領を踏まえた学校教育の充実に役立つとともに，新しい時代に必要となる資質・能力について深く考察し，それに基づき「指導と評価の一体化」の観点から授業改善を図り，「深い学び」や「カリキュラム・マネジメント」の一層の充実を各校で目指していただきたいと考えている。

令和２年８月

全国特別支援学校知的障害教育校長会会長　村山　孝

目　次

第Ⅰ章　理論編

第Ⅱ章　実践編

第Ⅲ章　資料編

第Ⅰ章

理論編

特別支援学校学習指導要領の改訂のポイントについて

　これまで学習指導要領は，時代の変化や子供たちの状況，社会の要請等を背景に，おおよそ10年ごとに数次にわたり改訂されてきた。中央教育審議会の答申（平成28年12月），特別支援学校小・中学部学習指導要領の公示（平成29年3月），高等部学習指導要領の公示（平成31年2月）及び移行措置を経て，小学部は令和2年度，中学部は令和3年度に本格実施となり，高等部は令和4年度から学年進行による実施を迎える。

　今回の学習指導要領に基づいて，各校で創意工夫を凝らした教育課程編成が行われることになる。いよいよこれからが本番となる。

　以下に学習指導要領の全体像をつかむためのポイントを整理する。

1　学習指導要領改訂の改善の基本的な考え方

（1）特別支援学校学習指導要領の基本的な考え方と方向性

　今回の学習指導要領は，「社会に開かれた教育課程の実現」「育成を目指す資質・能力の明確化」「主体的・対話的で深い学びの実現に向けた授業改善」「カリキュラム・マネジメントの確立」等の小学校等の改訂の方向性に加えて，特別支援学校学習指導要領では，①インクルーシブ教育システム構築のための特別支援教育の推進，②在籍する子供の障害の重度・重複化，多様化への対応，③自立と社会参加に向けた教育の充実，等が示されている。

（2）目標を共有し，社会との連携・協働を推進する教育課程

　今回の学習指導要領の大きなテーマである「社会に開かれた教育課程」という考え方は，学習指導要領全体に通底する理念であり，特別支援学校においても大変重要な視点である。

　特別支援学校では，保護者等との連携は不可欠であり，これまでも保護者のみならず，地域との連携や外部人材の活用，企業等における自立と社会参加に向けた産業現場等における実習など，社会と密接に関わる活動や外部の力を取り入れた教育を展開してきた。各校においては，個別の教育支援計画や個別の指導計画の作成・活用により，教育的ニーズや指導目標・内容・方法等の共有化をさらに推進していくことが求められる。

（3）主体的・対話的で深い学びの実現に向けた授業改善

　「主体的・対話的で深い学び」は，授業改善のための視点であり，単元や題材のまとまりの中で実現される。以下に特別支援学校における具体的な考え方の一例を紹介する。

　平成26年の公職選挙法等の一部改正により選挙権年齢が18歳以上に引き下げられるとともに，平成30年の民法の一部を改正する法律により，令和4年4月から成人年齢が18歳となる。生徒にとって政治や社会が一層身近なものとなっており，高等部においては，今ま

で以上に，自らが主権者として社会に参画し，消費者として社会生活を送ることについて意識できるような学びの充実を図ることが，社会生活を送る上で重要な基盤となる。社会で求められる資質・能力を全ての生徒に育み，生涯にわたって探究を深める未来の創り手として送り出していくことが，これまで以上に求められる。

そのためには，資質・能力の三つの柱（「知識・技能の習得」「思考力・判断力・表現力の育成」「学びに向かう力・人間性の育成」）が，偏りなく実現されるよう，単元や題材など内容や時間のまとまりを見通しながら，生徒の主体的・対話的で深い学びの実現に向けた授業改善を図ることが求められる。

（4）特別支援学校におけるカリキュラム・マネジメントの確立

特別支援学校学習指導要領では，次の4点の柱から各学校の教育課程の質の向上を意図して，育成を目指す資質・能力を育む観点からカリキュラム・マネジメントを計画的・組織的に行うことが規定された。①子供や学校，地域の実態を適切に把握し，教育の目的や目標の実現に必要な教育の内容等を教科等横断的な視点で組み立てていくこと，②教育課程の実施状況を評価してその改善を図っていくこと，③教育課程の実施に必要な人的又は物的な体制を確保するとともにその改善を図っていくこと，④個別の指導計画の実施状況の評価と改善を教育課程の改善につなげていくこと。

2 特別支援学校（知的障害）等の教育内容の改善

（1）学びの連続性の重視

知的障害のある児童生徒のための各教科等については，中学部に二つの段階を新設するとともに，目標や内容について，育成を目指す資質・能力の三つの柱に基づき整理して示された。その際，各学部や各段階及び小・中・高等学校とのつながりに留意し，各段階に目標を設定し，段階ごとの内容の充実が図られた。また，知的障害の程度や学習状況等の個人差が大きいことを踏まえ，特に必要がある場合には，個別の指導計画に基づき，相当する小・中・高等学校の学習指導要領の各教科等の目標及び内容の一部を取り入れることができると規定した。加えて，特別支援学校（知的障害）高等部においては，小・中学部との系統性の観点から，「道徳」の時間が「特別の教科　道徳」に改められた。

（2）一人一人に応じた指導の充実

特別支援学校においては，育成を目指す資質・能力を育むため，子供の障害の状態や特性及び心身の発達段階等に応じた指導上の配慮を充実させることが求められている。重複障害のある子供の教育課程については，学びの連続性を確保する視点から，「各教科等の目標及び内容に関する事項の一部を取り扱わないことができる」ことや「前学年の目標・内容に替えたりすることができる」等の考え方が示された。また，発達障害を含む多様な障害に応じた指導を充実するため，自立活動の内容として「障害の特性の理解と生活環境の調整に関すること」が示された。

（3）自立と社会参加に向けた教育の充実

　各学校においては，子供に社会的・職業的自立に向けて必要な基盤となる資質・能力を身に付けていくことができるよう，家庭や地域，関係機関等との連携を図りながら，キャリア教育の充実を図ることと規定された。さらに，生涯学習への意欲を高めることや，生涯を通じてスポーツや文化芸術活動に親しみ，豊かな生活を営むことができるよう配慮することや，障害のない子供との交流及び共同学習の機会を設け，共に尊重し合いながら協働して生活していく態度を育むことが示された。

　知的障害のある児童生徒のための各教科の内容の充実については，生活に必要な国語の特徴や使い方〔国語〕，数学を学習や生活で生かすこと〔算数，数学〕，身近な生活に関する制度〔社会〕，働くことの意義，消費生活と環境〔職業・家庭〕など，育成を目指す資質・能力の視点から充実が図られている。

❸　学習指導要領の理念の実現と家庭・地域との連携・協働の推進

　学習指導要領の理念の実現のためには，「教員一人一人が力を発揮できるような教育条件の整備に努める」必要がある。学校がその目的を達成するためには「教育活動の実施に必要な人的又は物的な体制を家庭や地域の企業や団体等の協力を得ながら整えるなど，家庭や地域社会との連携及び協働を深める」ことが重要である。

　そのためには，教育活動の計画や実施の場面では，家庭や地域の人々の積極的な協力を得て，児童生徒にとって大切な学習の場である地域の教育資源や学習環境を一層活用していくことが必要である。また，各学校の教育方針や特色ある教育活動，児童生徒の状況などについて家庭や地域の人々に適切に情報発信し理解や協力を得たり，家庭や地域の人々の学校運営などに対する意見を的確に把握して自校の教育活動に生かしたりすることが大切である。その際，家庭や地域社会が担うべきものや担ったほうがよいものは家庭や地域社会が担うように促していくなど，相互の意思疎通を十分に図ることが示された。

〔参考文献〕
・中央教育審議会「幼稚園，小学校，中学校，高等学校及び特別支援学校の学習指導要領等の改善及び必要な方策等について（答申）」平成28年12月
・文部科学省「特別支援学校小学部・中学部学習指導要領」平成29年4月
・文部科学省「特別支援学校教育要領・学習指導要領解説　総則編（幼稚部・小学校・中学部）」平成30年3月
・文部科学省「特別支援学校高等部学習指導要領」平成31年2月

〈横倉　久〉

知的障害特別支援学校における，資質・能力を育む評価の考え方

　平成29年4月に特別支援学校小学部・中学部学習指導要領及び平成31年2月に特別支援学校高等部学習指導要領（以下「新学習指導要領」という）が告示された。また，それらを踏まえて，平成31年1月21日に，「児童生徒の学習評価の在り方について（報告）」（以下「報告」という）が中央教育審議会初等中等教育分科会教育課程部会において取りまとめられ，文部科学省では，平成31年3月29日に初等中等教育局長の通知として「小学校，中学校，高等学校及び特別支援学校等における児童生徒の学習評価及び指導要録の改善等について（通知）」（30文科初第1845号）（以下「改善等通知」という）を発出した。この節では改善等通知を基に知的障害者である児童生徒に対する教育を行う特別支援学校（以下「知的障害特別支援学校」という）における評価の考え方について説明する。なお，特別の教科「道徳」（以下「道徳科」という）の学習評価等については，平成28年7月29日「学習指導要領の一部改正に伴う小学校，中学校及び特別支援学校小学部・中学部における児童生徒の学習評価及び指導要録の改善等について（通知）」（28文科初第604号）によるところとされ，知的障害特別支援学校高等部における道徳科の学習評価等についても，同通知に準ずることも併せて確認が必要である。

1　カリキュラム・マネジメントの一環としての指導と評価

　各学校における教育活動は，学習指導要領等に従い，児童生徒や地域の実態を踏まえて編成した教育課程の下で作成された各種指導計画に基づき授業（「学習指導」）として展開されている。各学校は，日々の授業の下で児童生徒の学習状況を評価し，その結果を児童生徒の学習や教師による指導の改善や学校全体としての教育課程の改善，校務分掌を含めた組織運営等の改善に生かす中で，学校全体として組織的，計画的，一貫性をもって教育活動の質の向上を図っていく必要がある。このように，「学習指導」と「学習評価」は学校の教育活動の根幹であり，教育課程に基づいて組織的かつ計画的に教育活動の質の向上を図る「カリキュラム・マネジメント」の中核的な役割を担っていることが分かる。知的障害特別支援学校においては，個別の指導計画をはじめとする様々な指導計画は充実してきたが，学習評価については今後，一層充実していくことが求められる。そのため，学習評価を授業改善及び組織運営の改善に向けた学校教育全体のPDCAサイクルに位置付け，学習の効果の最大化を図ることが重要である。

　また，学習評価は，総則に規定されているカリキュラム・マネジメントの四つの側面（特別支援学校小学部・中学部学習指導要領第1章総則第2節の4及び特別支援学校高等部学習指導要領第1章総則第2節第1款の5）のうち，「教育課程の実施状況を評価して

その改善を図っていくこと」と「児童又は生徒に何が身に付いたかという学習の成果を的確に捉え，個別の指導計画の実施状況の評価と改善を，教育課程の評価と改善につなげていくよう工夫すること」に関わって重要な役割を果たしている。これまで，小学校等の各教科等については観点別に評価が行われていた。知的障害者である生徒に対する教育を行う特別支援学校の各教科（以下「知的障害の各教科」という）については，観点別に評価することとせず，知的障害の各教科の目標，内容に照らし，具体的に定めた指導内容，実現状況等を文章で記述し改善の充実を図ってきたところである。平成28年の中央教育審議会「幼稚園，小学校，中学校，及び特別支援学校の学習指導要領等の改善及び必要な方策等について（答申）」（以下「答申」という）では，知的障害特別支援学校の教育課程については「児童生徒一人一人の学習状況を多角的に評価するため，各教科の目標に準拠した評価の観点による学習評価を導入し，学習評価を基に授業評価や指導評価を行い，教育課程編成の改善・充実に生かすことのできるPDCAサイクルを確立することが必要である」とされ，「報告」では「知的障害の各教科においても，文章による記述という考え方を維持しつつ，観点別の学習状況を踏まえた評価を取り入れることとする」とされ，今後，知的障害特別支援学校においても観点別学習状況評価についての取組の充実を図る必要がある。

２　主体的・対話的で深い学びの視点からの授業改善と評価

　新学習指導要領では「どのように学ぶか」という視点から「主体的・対話的で深い学び」に向けた授業改善を重視している。「主体的・対話的で深い学び」を通して各教科等における「何ができるようになるか」という資質・能力を確実に育成することが求められる。そのためには「何が身に付いたか」という学習評価は重要な役割を担っている。指導と評価の一体化を図るために，児童生徒一人一人の学習の成立を促すための評価という視点を一層重視することによって，教師が自らの指導のねらいに応じて授業の中での児童生徒の学びを振り返り学習や指導の改善に生かしていくというサイクルが大切である。

　知的障害の各教科においても，その各教科の特質に応じた「見方・考え方」を働かせながら，学んだ知識を関連付けてより深く理解したり，問題を見いだしたり考えたりしながら，習得・活用・探究という学びの過程を大切にした授業展開が求められ，それを評価していくことが求められる。そのためにも，育成する資質・能力を明確にし，評価を１時間単位の授業のみで取り上げるのではなく，単元や題材など内容や時間のまとまりを見通し，評価の場面や方法を工夫し学習の過程を適切な場面で評価を行う指導と評価の一体化を図り，教育課程や指導計画等とのつながりを意識できるようにしていく必要がある。

３　学習評価について指摘されている課題

　学習評価の現状として，先ほど１及び２で述べたような教育課程の改善や授業改善の一連の過程に学習評価を適切に位置付けた学校運営の取組がなされてきた。その一方で，

「報告」では，「例えば，学校や教師の状況によっては」と前置きしつつも，以下のようなことを指摘している。

・学期末や学年末などの事後での評価に終始してしまうことが多く，評価の結果が児童生徒の具体的な学習改善につながっていない。
・現行の「関心・意欲・態度」の観点について，挙手の回数や毎時間ノートをとっているかなど，性格や行動面の傾向が一時的に表出された場面を捉える評価であるような誤解が払拭しきれていない。
・教師によって評価の方針が異なり，学習改善につなげにくい。
・教師が評価のための「記録」に労力を割かれて，指導に注力できない。
・相当な労力をかけて記述した指導要録が，次の学年や学校段階において十分に活用されていない。

これらの指摘から，評価を効果的に行い，指導等の改善につなげることが求められている。

知的障害特別支援学校においては，児童生徒の個々の実態に応じて具体的な指導内容が設定されることから，1単位時間の授業の中でも評価の観点や方法が異なる。1単位時間ごとの授業改善も必要であるが，まずは，集団としての単元や題材レベルで評価規準を明確にしておき，それを改善していく仕組みが必要である。研究授業は，単元や題材の途中を扱い，それまでに至る評価を行うことが多いが，これからは，単元や題材の終了時にどのような力が身に付いたかを評価し，改善を図るような検討場面も必要である。

④　学習評価の基本的仕組みについて

「報告」では，先ほど述べた課題に応えるとともに，学校における働き方改革が喫緊の課題となっていることも踏まえ，次の基本的な考え方に立って，学習評価を真に意味のあるものとすることが重要であることを提言している。

学習評価の在り方については，①児童生徒の学習改善につながるものにしていくこと，②教師の指導改善につながるものにしていくこと，③これまで慣行として行われてきたことでも，必要性・妥当性が認められないものは見直していくこと，の3点を基本としている。特に①と②については，日々の授業と直結していることから再度確認が必要である。そして「報告」では，以下のことも提言している。

「学習評価は，学校における教育活動に関し，児童生徒の学習状況を評価するものである」

「現在，各教科の評価については，学習状況を分析的に捉える『観点別学習状況の評価』と，これらを総括的に捉える『評定』の両方について，学習指導要領に定める目標に準拠した評価として実施するものとされており，観点別学習状況の評価や評定には示しきれない児童生徒一人一人のよい点や可能性，進歩の状況については，『個人内評価』として実施するものとされている」（図1）

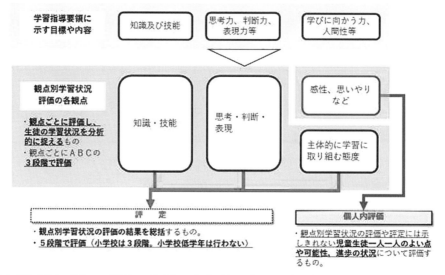

図1　各教科における評価の基本構造（国立教育政策研究所，令和元年）

「また，外国語活動や総合的な学習の時間，特別の教科である道徳，特別活動についても，それぞれの特質に応じ適切に評価することとされている」

　知的障害の各教科については，先に述べたように「文章による記述という考え方を維持しつつ観点別の学習状況を踏まえた評価を取り入れることとする」と示されている。知的障害特別支援学校では，小・中学校等と比較すると文章による記述こそ違いはあるが，基本的な仕組みについては同じであるので，小・中学校等でどのように学習評価が行われるかは再度確認が必要である。

5　観点別学習状況の評価について

　新学習指導要領では，知的障害の各教科についても各教科等の目標及び内容を「知識及び技能」「思考力，判断力，表現力等」「学びに向かう力，人間性等」の資質・能力の三つの柱で整理され，観点別学習状況の評価についても取り入れることになっている。指導と評価の一体化を推進する観点から，観点別学習状況の評価の観点については，これらの資質・能力に関わる「知識・技能」「思考・判断・表現」「主体的に学習に取り組む態度」の3観点に整理して示し，設置者において，これに基づく適切な観点を設定することとしている。その際，「学びに向かう力，人間性等」については，「主体的に学習に取り組む態度」として観点別学習状況の評価を通じて見取ることができる部分と観点別学習状況の評価にはなじまず，個人内評価等を通じて見取る部分があることに留意する必要があることが明確に示されている（図1）。

「主体的に学習に取り組む態度」については，各教科等の観点の趣旨に照らし，知識及び技能を獲得したり，思考力，判断力，表現力等を身に付けたりすることに向けた粘り強い取組の中で，自らの学習を調整しようとしているかどうかを含めて評価することとしている。なお，各教科等の観点の趣旨は，改善等通知の別紙に示されているので，手元に置きながら評価の一助にしていただきたい。

　ところで，観点別学習状況の評価の実施に際しては，学習指導要領の規定に沿って評価規準を作成することが求められている。それによって各教科等の特質を踏まえて適切に評価方法等を工夫することにより，学習評価の結果が児童生徒の学習や教師による指導の改善に生きるものとすることが重要であるとされている。しかし，知的障害の各教科については，今まで観点別学習状況の評価については，あまり取り組まれていないことから，今後どのように評価規準を作成するのか話題になってくると思われる。その際各教科等の目標や内容に示された三つの資質・能力の意味を再度確認する必要がある。ここからは，「報告」に基づき三つの観点の趣旨について説明する。

（1）「知識・技能」の評価について

　「知識・技能」の評価については，各教科等における学習の過程を通した知識及び技能の習得状況について評価を行うとともに，それらを既有の知識及び技能と関連付けたり活用したりする中で，他の学習や生活の場面でも活用できる程度に概念等を理解したり，技能を習得したりしているかについて評価するものである。新学習指導要領に示された知識及び技能に関わる目標や内容の規定を踏まえ，各教科等の特質に応じた評価方法の工夫改善を進めていくことが重要である。具体的な評価方法としては，ペーパーテストにおいて，事実的な知識の習得を問う問題と，知識の概念的な理解を問う問題とのバランスに配慮するなどの工夫改善を図るとともに，例えば，児童生徒が文章による説明をしたり，各教科等の内容の特質に応じて，観察・実験をしたり，式やグラフで表現したりするなど実際に知識や技能を用いる場面を設けるなど，多様な方法を適切に取り入れていくことが考えられる。知的障害特別支援学校においては，今までも「知識・技能」の観点から評価に取り組んできたが，その学習活動の場面のみで「できた，できなかった」という評価に終わっていることもあった。今後は，単元（題材）計画の中に評価をどのように行うかといった計画も組み込み，他の学習や生活の場面でも活用とあるように，単元のみにとどまらない評価も必要である。

（2）「思考・判断・表現」の評価について

　「思考・判断・表現」の評価は，各教科等の知識及び技能を活用して課題を解決する等のために必要な思考力，判断力，表現力等を身に付けているかどうかを評価するものである。「知識及び技能を活用して課題を解決する」という過程については，「答申」が指摘するように，大きく分類して次の三つがあると考えられる。

　　・物事の中から問題を見いだし，その問題を定義し解決の方向性を決定し，解決方法を探して計画を立て，結果を予測しながら実行し，振り返って次の問題発見・解決につ

なげていく過程

・精査した情報を基に自分の考えを形成し，文章や発話によって表現したり，目的や場面，状況等に応じて互いの考えを適切に伝え合い，多様な考えを理解したり，集団としての考えを形成したりしていく過程

・思いや考えを基に構想し，意味や価値を創造していく過程

　このような考え方は，従前の「思考・判断・表現」の観点においても重視してきたところであり，新学習指導要領に示された，各教科等における思考力，判断力，表現力等に関わる目標や内容の規定を踏まえ，各教科等の特質に応じた評価方法の工夫改善を進めることが重要である。具体的な評価方法としては，ペーパーテストのみならず，レポート（作文）の作成，発表，グループでの話合い，作品の制作や表現等の多様な活動を取り入れたり，それらを集めたポートフォリオを活用したりするなど評価方法を工夫することが考えられる。知的障害特別支援学校においても今までもこのような考え方で取り組んできたところであるが，知的障害の特性の一つである抽象思考の難しさもあって取組が弱かったところである。今後は，「思考・判断・表現」が評価できる場面設定の計画が必要である。ただし，繰り返しになるが1単位授業時間の中で評価することも可能であるが，単元（題材）全体を通して計画をしていく必要がある。

（3）「主体的に学習に取り組む態度」の評価について

①　資質・能力である「学びに向かう力，人間性等」との関係

　「『学びに向かう力，人間性等』」には，①『主体的に学習に取り組む態度』として観点別評価を通じて見取ることができる部分と，②観点別評価や評定にはなじまず，こうした評価では示しきれないことから個人内評価を通じて見取る部分があることに留意する必要がある」とされており，新学習指導要領に示された，各教科等における学びに向かう力，人間性等に関わる目標や内容の規定を踏まえ，各教科等の特質に応じた評価方法の工夫改善を進めることが重要である。

　また，「学びに向かう力，人間性等」は，知識及び技能，思考力，判断力，表現力等をどのような方向性で働かせていくかを決定付ける重要な要素であり，学習評価と学習指導を通じて「学びに向かう力，人間性等」の涵養を図ることは，生涯にわたり学習する基盤を形成する上でも極めて重要である。したがって，「主体的に学習に取り組む態度」の評価とそれに基づく学習や指導の改善を考える際には，生涯にわたり学習する基盤を培う視点をもつことが重要である。このことに関して，心理学や教育学等の学問的な発展に伴って，自己の感情や行動を統制する能力，自らの思考の過程等を客観的に捉える力（いわゆる「メタ認知」）など，学習に関する自己調整に係るスキルなどが重視されていることにも留意する必要がある。

②　「主体的に学習に取り組む態度」の評価の基本的な考え方

　以上を踏まえると，「主体的に学習に取り組む態度」の評価に際しては，単に継続的な行動や積極的な発言等を行うなど，性格や行動面の傾向を評価するということではなく，

各教科等の「主体的に学習に取り組む態度」に係る評価の観点の趣旨に照らして，知識及び技能を獲得したり，思考力，判断力，表現力等を身に付けたりするために，自らの学習状況を把握し，学習の進め方について試行錯誤するなど自らの学習を調整しながら，学ぼうとしているかどうかという意思的な側面を評価することが重要である。従前の「関心・意欲・態度」の観点も，各教科等の学習内容に関心をもつことのみならず，よりよく学ぼうとする意欲をもって学習に取り組む態度を評価するのが，その本来の趣旨であり，こうした考え方は従来から重視されてきており，この点を「主体的に学習に取り組む態度」として改めて趣旨を強調されていることに留意する必要がある。本観点に基づく評価としては，「主体的に学習に取り組む態度」に係る各教科等の評価の観点の趣旨に照らし，①知識及び技能を獲得したり，思考力，判断力，表現力等を身に付けたりすることに向けた粘り強い取組を行おうとする側面と，②①の粘り強い取組を行う中で，自らの学習を調整しようとする側面，という二つの側面を評価することが求められる（図2）。ここで評価の対象とする学習の調整に関する態度は必ずしも，その学習の調整が「適切に行われているか」を判断するものではなく，それが各教科等における知識及び技能の習得や，思考力，判断力，表現力等の育成に結び付いていない場合には，それらの資質・能力の育成に向けて児童生徒が適切に学習を調整することができるよう，その実態に応じて教師が学習の進め方を適切に指導するなどの対応が求められる。その際，前述したような学習に関する自己調整に係るスキルなど，心理学や教育学等における学問的知見を活用することも有効である。なお，学習の調整に向けた取組のプロセスには児童生徒一人一人の特性があることから，特定の型に沿った学習の進め方を一律に指導することのないよう配慮することが必要であり，学習目標の達成に向けて適切な評価と指導が行われるよう授業改善に努めることが求められる。

　「主体的に学習に取り組む態度」の観点については，ただ単に学習に対する粘り強さや積極性といった児童生徒の取組のみを承認・肯定するだけではなく，学習改善に向かって

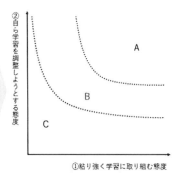

「主体的に学習に取り組む態度」の評価のイメージ

図2　「主体的に学習に取り組む態度」の評価のイメージ（国立教育政策研究所，令和元年）

自らの学習を調整しようとしているかどうかを含めて評価することの趣旨を踏まえたものであることを確認しておく必要がある。

「主体的に学習に取り組む態度」の評価は，先ほど述べたように知識及び技能を習得させたり，思考力，判断力，表現力等を育成したりする場面に関わって行うものであり，その評価の結果を，知識及び技能の習得や思考力，判断力，表現力等の育成に関わる教師の指導や児童生徒の学習の改善にも生かすことによりバランスの取れた資質・能力の育成を図るという視点が重要である。すなわち，この観点のみを取り出して，例えば挙手の回数など，その形式的態度を評価することは適当ではなく，他の観点に関わる児童生徒の学習状況と照らし合わせながら学習や指導の改善を図ることが重要である。

③ 「主体的に学習に取り組む態度」の評価の方法

「主体的に学習に取り組む態度」の具体的な評価の方法としては，ノートやレポート等における記述，授業中の発言，教師による行動観察や，児童生徒による自己評価や相互評価等の状況を教師が評価を行う際に考慮する材料の一つとして用いることなどが考えられる。その際，各教科等の特質に応じて，児童生徒の発達の段階や一人一人の個性を十分に考慮しながら，「知識・技能」や「思考・判断・表現」の観点の状況を踏まえた上で，評価を行う必要がある。したがって，例えば，ノートにおける特定の記述などを取り出して，他の観点から切り離して「主体的に学習に取り組む態度」として評価することは適切ではないことに改めて留意する必要がある。

また，発達の段階に照らした場合には，児童自ら目標を立てるなど学習を調整する姿が顕著に見られるようになるのは，一般に抽象的な思考力が高まる小学校高学年以降からであるとの指摘もあり，児童自ら学習を調整する姿を見取ることが困難な場合もあり得るとされている。このため，国においては，①各教科等の「主体的に学習に取り組む態度」の評価の観点の趣旨の作成等に当たって，児童の発達の段階や各教科等の特質を踏まえて柔軟な対応が可能となるよう工夫するとともに，②特に小学校低学年・中学年段階では，例えば，学習の目標を教師が「めあて」などの形で適切に提示し，その「めあて」に向かって自分なりに様々な工夫を行おうとしているかを評価することや，他の児童との対話を通して自らの考えを修正したり，立場を明確にして話していたりする点を評価するなど，児童の学習状況を適切に把握するための学習評価の工夫の取組例を示すことが求められる，としている。知的障害特別支援学校においても②の記述については参考になると思われる。

以上「報告」に基づき三つの観点について説明したが，知的障害特別支援学校においても上述した評価方法等が考えられるが，児童生徒の障害の程度や授業の中でも評価の観点が異なるため，多くの場合が，学習活動の中で教師が個々の児童生徒の活動の取組の様子から評価することが予想される。こうしたことを考慮すると観点別学習状況の評価を行っていく上では，児童生徒の学習状況を適切に評価することができるような授業計画を考えていくことが大切である。特に，「主体的に学習に取り組む態度」の評価に当たっては，児童生徒が自らの理解の状況を振り返ることができるような発問の工夫をしたり，自らの

考えを記述したり話し合ったりする場面，他者との協働を通じて自らの考えを相対化する場面を単元や題材などの内容のまとまりの中で設けたりするなど，「主体的・対話的で深い学び」の視点からの授業改善を図る中で，適切に評価できるようにしていくことが重要である。

6　個人内評価について

観点別学習状況の評価になじまず個人内評価の対象となるものについては，児童生徒が学習したことの意義や価値を実感できるよう，日々の教育活動等の中で児童生徒に伝えることが重要である。特に「学びに向かう力，人間性等」のうち「感性や思いやり」など児童生徒一人一人のよい点や可能性，進歩の状況などを積極的に評価し児童生徒に伝えることが重要である。

7　学習評価の基本的な方向性について

学習評価についての基本的な方向性について，今まで触れられていない点も含めて説明する。

（1）評価の方針等の児童生徒との共有について

これまで，評価規準や評価方法等の評価の方針等について，必ずしも教師が十分に児童生徒等に伝えていない場合があることが指摘されている。しかしながら，どのような方針によって評価を行うのかを事前に示し，共有しておくことは，評価の妥当性・信頼性を高めるとともに，児童生徒に各教科等において身に付けるべき資質・能力の具体的なイメージをもたせる観点からも不可欠であるとともに児童生徒に自らの学習の見通しをもたせ自己の学習の調整を図るきっかけとなることも期待されている。また，児童生徒に評価の結果をフィードバックする際にも，どのような方針によって評価したのかを改めて共有することも重要である。その際，児童生徒の発達の段階にも留意した上で，児童生徒用に学習の見通しとして学習の計画や評価の方針を事前に示すことが考えられる。知的障害特別支援学校においては，示し方等は個々の児童生徒の実態によって異なるが，今まで以上に単元（題材）の導入や最終の振り返り，あるいは1単位授業の導入や振り返りの中に，評価の方針等を教師と共有するという学習活動を計画的に設定することが必要である。こうした取組が，その後の児童生徒の相互評価にもつながり，「主体的・対話的で深い学び」の授業改善の充実に資すると考えられる。

（2）教科等横断的な視点で育成を目指すこととされた資質・能力の評価について

言語能力，情報活用能力や問題発見・解決能力など教科等横断的な視点で育成を目指すこととされた資質・能力は，各教科等における「知識・技能」「思考・判断・表現」「主体的に学習に取り組む態度」の評価に反映することとし，各教科等の学習の文脈の中で，これらの資質・能力が横断的に育成・発揮されることを目指すことが適当である。知的障害特別支援学校においては，単元（題材）計画レベルで反映させていくはもちろんだが，年

間指導計画においても，こうした教科等横断的な視点も含んだ評価の設定が必要である。

（3）各教科等を合わせた指導の評価について

　新学習指導要領では，第1章総則第3節教育課程の編成3教育課程の編成における共通的事項（3）指導計画の作成等に当たっての配慮事項の（オ）知的障害者である児童又は生徒に対する教育を行う特別支援学校において，各教科，道徳科，外国語活動，特別活動及び自立活動の一部又は全部を合わせて指導を行う場合，各教科，道徳科，外国語活動，特別活動及び自立活動に示す内容を基に，児童又は生徒の知的障害の状態や経験等に応じて，具体的に指導内容を設定するものとする（以下省略。高等部も同様），と規定されており，新学習指導要領解説各教科等編には，「各教科等を合わせて指導を行う場合においても，各教科等の目標を達成していくことになり，育成を目指す資質・能力を明確にして指導計画を立てることが重要となる」とある。各教科等を合わせた指導においては，例えば，指導の形態の一つである「生活単元学習」における学習評価に加えて，教科等の内容を基に具体的な指導内容が設定されていることについての学習評価も必要である。今後，年間指導計画，個別の指導計画，学習指導案等の様式の改善を図りながら充実させていくことが求められる。

（4）評価を行う場面や頻度について

　「答申」では，「毎回の授業で全ての観点を評価するのではなく，単元や題材などのまとまりの中で，指導内容に照らして評価の場面を適切に位置付けることを求めている。しかしながら，実際には，毎回の授業において複数の観点を評価するということが行われていることも多く，教師にとっては評価の『記録』が常に求められるとともに，児童生徒にとっても，教師からの評価を必要以上に意識してしまうため，新しい解法に積極的に取り組んだり，斬新な発想を示したりすることなどが難しくなっている」との指摘をしている。したがって，日々の授業の中では児童生徒の学習状況を把握して指導に生かすことに重点を置きつつ，「知識・技能」及び「思考・判断・表現」の評価の記録については，原則として単元や題材等のまとまりごとに，それぞれの実現状況が把握できる段階で評価を行うこととされている。また，学習指導要領に定められた各教科等の目標や内容の特質に照らして，単元や題材ごとに全ての観点別学習状況の評価の場面を設けるのではなく，複数の単元や題材にわたって長期的な視点で評価することを可能とすることも考えられる。その場合には，児童生徒に対して評価方法について誤解がないように伝えておくことが必要である。なお，評価については，記録を集めることに終始して，学期末や学年末になるまで必要な指導や支援を行わないまま一方的に評価をするようなことがないようにすることが必要である。

（5）今後に向けて

　各学校においては，教師の勤務負担軽減を図りながら学習評価の妥当性や信頼性が高められるよう，学校全体としての組織的かつ計画的な取組を行うことが重要である。具体的には，例えば以下の取組が考えられる。

・評価規準や評価方法を事前に教師同士で検討し明確化することや評価に関する実践事
　　例を蓄積し共有すること。
　・評価結果の検討等を通じて評価に関する教師の力量の向上を図ること。
　・教務主任や研究主任を中心として学年会や教科等部会等の校内組織を活用すること。
　今後，国においても学習評価の参考となる資料を作成することとされているが，都道府
県教育委員会等においても，学習評価に関する研究を進め，学習評価に関する参考となる
資料を示すとともに，具体的な事例の収集・提示を行うことが重要であるとされている。
　筆者の所属する岡山県では，教育委員会と特別支援学校長会が共同で平成30年3月に学
習評価と授業づくりを結び付けるために学習指導案の充実を図った「授業づくりハンドブ
ック」を，また，令和2年3月には，新学習指導要領の内容を基に具体的な指導内容や評
価規準を設定しやすいように「岡山県特別支援学校における知的障害のある児童生徒の指
導内容表」をそれぞれ刊行し（岡山県教育庁特別支援教育課ホームページに掲載），学習
評価と学習指導の充実に向けて取り組んでいるところである。
　今後は，知的障害特別支援学校では，単元計画を含めた学習指導案とそれを支える年間
指導計画と個別の指導計画の様式の改善を図り，学習評価を充実していくことが求められ
る。
　なお，新学習指導要領では，新たに学習評価を特別支援学校小学部・中学部第1章第3
節教育課程の編成3学習評価の充実の（1）～（3），特別支援学校高等部については第1章
第3款の3（1）～（3）に規定している。上述したことと重複することが多いが，ぜひ，解
説を一読していただきたい。

〔参考文献〕
・中央教育審議会「幼稚園，小学校，中学校，高等学校及び特別支援学校の学習指導要領等の改善及
　び必要な方策等について（答申）」平成28年12月
・中央教育審議会「児童生徒の学習評価の在り方について（報告）」平成31年1月
・文部科学省「特別支援学校小学部・中学部学習指導要領」平成29年4月
・文部科学省「特別支援学校教育要領・学習指導要領解説　総則編（幼稚部・小学部・中学部）」平
　成30年3月
・文部科学省「特別支援学校高等部学習指導要領」平成31年2月
・文部科学省「小学校，中学校，高等学校及び特別支援学校等における児童生徒の学習評価及び指導
　要録の改善等について（通知）」平成31年3月
・文部科学省「特別支援学校小学部・中学部学習評価参考資料」令和2年4月
・国立教育政策研究所「『指導と評価の一体化』のための学習評価に関する参考資料（案）」令和元年
　11月

〈村上　直也〉

第Ⅱ章
実践編

個に応じた評価を授業に生かす
～跳び箱・鉄棒運動に挑戦しよう～

■1　実践の概要

　本単元は、「個に応じた評価を授業に生かす」ために、PDCA（計画、実行、評価、改善）サイクルと単元評価表（含：児童の学習カード）を活用し、教員間で連携を取って授業改善（場の設定、個への支援）に取り組んだ実践である。児童に合った評価規準による指導を焦点化することで、指導や支援方法の共有ができた。その結果、学習への期待感や意欲をもって活動できる場と技の動きのポイントややり方を分かりやすくした教材を効果的に活用することができ、授業改善につなげられた。

■2　単元の目標

・指導者の支援を受けながら、楽しく跳び箱と鉄棒を使っての基本的な運動ができる。
　（知識及び技能）
・跳び箱と鉄棒を使っての基本的な運動の仕方を工夫するとともに、考えたことや気付いたことを伝えることができる。（思考力，判断力，表現力等）
・きまりを守り、友達と仲よく楽しく運動することや、跳び箱と鉄棒の安全に気を付けようとする。（学びに向かう力，人間性等）

■3　単元について

（1）児童の実態

　本グループは単一障がい学級（1年生1名、4年生1名、5年生3名、6年生1名）の計6名の異学年で構成されている。体を動かすことが好きな児童が多く、意欲的に取り組むことができる。

　器械・器具の運動遊びでは、1段階から2段階の目標を立て、マットや肋木、平均台、登り綱などの道具を使った遊び・運動に取り組んできている。初めは、身体の動かし方がぎこちなく、なめらかに回れなかったり、回転スピードが足りなくて起き上がれなかったりする児童もいたが、スモールステップで繰り返し学習することで、目標を達成することができた。また、ゲーム感覚で学習し、楽しく活動できるようになってきている。

　跳び箱や鉄棒については、あまり経験がなく、恐怖心や苦手意識をもつ児童もいる。また、跳び箱や鉄棒に必要な腕支持感覚や腕での突き放し、けり上げる力や体の巻き付けが弱く、力が伝わりにくい点が課題である。

　6年生のA児は、体幹力が弱く、体を支えることやバランス保持に困難さをもっている。動物歩きでは腰高になり、膝や腕を曲げて十分に体を支えることが難しかった。跳び

箱（3段）は，跳び箱の上にまたがってからのまたぎ下りはできているが，体重移動に課題があり，手をついてのまたぎ越しになると，跳び越すことができなかった。鉄棒では，ぶら下がりなど簡単な鉄棒遊びから始めた。上がり技や回り技になると自分の力だけでは身体を支えることが難しく，指導者の補助が必要だった。一人でできるように学習の流れをスモールステップで段階的に達成できるようにすると，意欲が高まっていく姿が見られる。

（2）単元の設定

「跳び箱運動」「鉄棒運動」とも腕支持感覚，逆さ感覚，高さ感覚といった基礎感覚・基礎技能をしっかりと身に付けることができる。どちらの運動も恐怖心を伴うものではあるが，自分のめあてをもち，自分ができない技ができるように挑戦して，達成の喜びを味わえる運動である。

　一人一人の跳び箱や鉄棒の運動能力に応じたスモールステップの指導が可能なため，できる状況を設定することが比較的容易である。また，いろいろな高さや向きの跳び方を変えたり，補助道具を使ったりして，どのように体を動かせばよいか（運動に必要な動き）が分かり，技を効果的に解決するための様々な方法を提示できる。児童にとっては，自分の運動の能力に合ったステップ等を選択することができるため，自分で考え，より意欲的に学ぶことができると考える。さらに，友達と運動する楽しさや喜びももてるように，同じ課題をもつペアやグループをつくって，協働して取り組む態度を育成したいと考え，この単元を設定した。

（3）教材・教具の工夫

①　トランポリンの活用

・跳び箱の着手の後の「フワッ」とした感覚を同じように手軽に味わえるために活用した。

・児童の実態に応じて低いトランポリンと
　高いトランポリンを用意した。

・空中姿勢ではじゃんけんのパー（V字），
　グー（膝抱え），チョキ（シザーズ）
　ポーズを取って，指導者とじゃんけんを
　して楽しむようにした。

②　跳び箱じゃんけん

・台上が3色に色分けされている跳び箱2台
　を連結させ，2人で向かい合い，じゃんけ
　んで勝ったら1色前に移動する。移動する
　際には，腕支持でお尻を上げて前に移動す
　る。楽しみながら重心移動の練習を行った。

③　タブレット端末，学習カードの活用

・振り返り（自己評価，相互評価）場面に，

タブレット端末（動画），学習カードを活用する。

・タブレット端末は動画を撮影し，コマ送りや静止画像でポイントとなる動きが分かりやすい。

・学習カードは，一つの技をスモールステップで表示して，どこまでできたかを確認できるので振り返りがしやすい。

写真3　タブレット端末の活用

写真4　学習カード

④　逆上がり練習器の活用

・足の運びやすい位置が自分で確かめられるように3色で足型付きの練習機を使う。

・足の振り上げ方や体の巻き付け方がイメージしやすいように，色つきの足型で位置を示したり，練習機の位置を調節したりして使用した。

⑤　鉄棒技のめあて表の提示

・自分ができる技やできそうな技の選択図を見て判断し，めあてにする。

写真5　逆上がり練習器（足の運び）

・鉄棒技の難易度を見て，自分のめあてとする技が選択でき，友達が挑戦する技も分かるので，同じ課題のグループで活動しやすい。技が完成すると達成シールを貼り，次の目標を立てることができる。

■4　評価

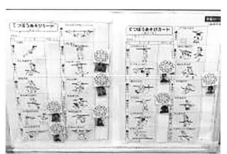

写真6　めあて表

（1）評価規準

知識・技能	思考・判断・表現	主体的に学習に取り組む態度
・跳び箱，鉄棒運動を楽しむための基本的な動きや各種の運動の基礎となる動きを身に付けている。	・跳び箱，鉄棒運動の動き方で，自分の力に合った練習の場や器械・器具の条件を変えながら，いろいろな運動の仕方を見つけている。	・進んで運動に取り組むとともに，順番やきまりを守り仲良く運動したり，運動する場の安全に気を付けようとしたりしている。

（2）評価方法のポイント（改善シートの活用）

・観点別評価は単元評価表を作成し，3段階評価方法（◎・○・△）にする。同じ評価が
　続く場合は目標の修正，評価が変わった場合は，備考に理由と有効な支援を記入する。

・個人内評価は学習シートを活用し，3色シールで（白：指導者と一緒・補助具使用，
　黄：一人でできる，赤：いつでもできる）で達成度（がんばりや伸び）の確認をする。

・児童へのフィードバックはグループ内で技の写真や動画を確認しながらお互いに称賛し
　たり，教員の言葉かけによって児童の意欲や満足感を高めたりする。

5　単元の指導計画

時	学習内容	学習活動	評価規準
1	●オリエンテーション：学習の進め方を知ろう。	① 学習の流れの確認，行い方，約束，グループを確認する。	★グループで協力して安全に器械・器具の準備をしている。態
2〜3	●跳び箱や鉄棒に必要な基本の動きを身に付けよう。	② 跳び箱や鉄棒に必要な準備運動をする。	★動物歩きでは，手の平を開いて，腕を曲げて体を支える動きを身に付けている。知
4〜7	●跳び箱運動の基本的な動きを身に付けて，自分でできる跳び箱の技を増やそう。	③ できる跳び方やいろいろな向きや高さの跳び箱を跳び越す。 ④ 跳びやすい跳び箱でめあての跳び方に挑戦する。	★跳び箱の向きや高さの条件を変えながら，自分の力に合った練習の場や方法を選んでいる。思 ★数歩の助走から両足で踏み切り，跳び箱に両手をついてまたぎ乗ったり，腕を支点に体重移動させてまたぎ下りをしたりしている。知
8〜10	●鉄棒運動をしよう。	⑤ 鉄棒の握り方や支持の仕方，回転するときの手首やひじの返しの使い方を身に付ける。 ⑥ できそうな鉄棒運動に挑戦する。	★鉄棒の基礎的な技能を身に付けている。知 ★自分のできそうな技を選び，練習の仕方を工夫して練習している。思

6　本時の展開〔第6時〕

（1）本時の目標

・手を支点に体重移動して，またぎ乗り下りや開脚跳びができる。

・できそうな技やがんばった動きについて，その楽しさや感じたことや工夫したことを伝
　えることができる。

（2）本時の展開

学習活動	指導上の留意点	評価規準
導入（5分） 学習のめあての確認と準備運動		
① 学習の流れとめあてを確認する。 ② 準備運動（1分間体操，アニマル体操）をする。	・見通しをもてるように学習の流れ，めあて表を掲示する。 ・主運動につながるように，「手」「足」と声かけをして動かす部位を意識する。	★動物歩きでは，腕を曲げて体を支える動きができている。知（行動観察）
展開（30分） わくわくタイムと跳び箱運動		
③ わくわくタイム ・トランポリン遊び，じゃんけんジャンプ ④ 跳び箱運動 ・いろいろな向きや高さの跳び箱を跳び越す。 ・めあての跳び方に挑戦する。支持でのまたぎ乗り，開脚跳び。	・ジャンプのタイミングに合わせて，手を下から上に動かすように声かけする。 ・グループに分かれて，課題に向かって練習できる場を設ける。 ・必要に応じて身体を支えたり，動きの手本を示したりする。 ・遠くに着手し，着地のときに頭が下がらないように，着手の位置に目印を付ける。	★自分の力に合った技を選んでいる。思（行動観察） ★手を支点に体重移動して，またぎ乗りや開脚跳びをしている。知（行動観察）
まとめ（10分） がんばったこと，楽しかったこと，友達のよかったところを発表する。		
⑤ きらりタイム ・振り返りをする。 ・グループで発表する。 ⑥ 用具の片付けをする。 ⑦ 終わりのあいさつ	・できたことを達成シールで確認する。 ・がんばったことや工夫した動きをタブレット端末（動画，写真）を見て，伝えられるようにする。 ・安全に気を付けて用具を運ぶように声かけする。	★できたことや工夫した動きを互いに伝え合っている。思（発表）

7　児童の学びの姿

　A児は跳び箱に両手をついて，またぎ下りができる。しかし，踏み切り板を蹴っての腕支持のまたぎ越しができない課題がある。まず，腕支持から体重移動の感覚を身に付けるために，動物歩きでアザラシやかえるとびに取り組んだ。いろいろな手の着き方でも体が支えられるようになってきた。

　また，またぎ乗りはできるが，跳び箱の上で手を突き放す力が弱かったので，跳び越せない課題があった。跳び箱の上にまたがってから，手を着いての体重移動の練習（2人とびばこじゃんけん）に取り組んだ。少しずつ感覚がつかめてきたようで，跳び

写真7　開脚跳び

箱の前のところに指を引っかけ、その引っかかりで前方向への体重移動ができるようになってきた。練習を繰り返すうちに、体の重心の切り替えがスムーズになり、やや高さも長さも大きめのソフト跳び箱でも跳べるようになってきた。できたことで「とべた、やったー」「また、やりたい」と声を挙げて喜び、次への意欲を高めることができた。

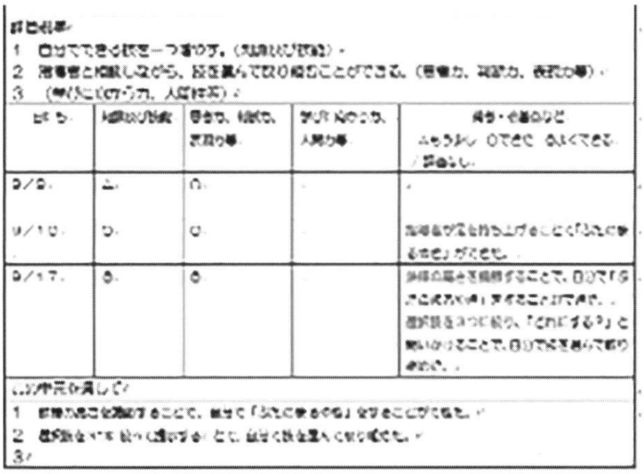

写真8　評価単元表

　鉄棒では、A児は一人で足をかけられない課題があり、指導者に両足を鉄棒にかけてもらう支援を受けていた。指導者間で単元評価表の検討会を行い、一人でできる技が増えることは大きな自信になるので、鉄棒の高さの調整をすることにした。発表会では手順どおり片足をかけて、もう片方の足も自力で鉄棒にかけ、一人で技を完成させることができ、本人の力が十分に発揮できる活動になった。

　児童にとって一つの技ができるようになるまでには、その運動の技に必要な能力（基礎的技能）や体の動かし方（動きに関する知識）を身に付けることが非常に重要である。そのための場の設定の工夫により、児童がもっている力を発揮できることにつながると感じた。

〈鳥取県立倉吉養護学校：三島　真〉

■本事例の授業評価

本事例では、器械運動という課題に対し、児童が自ら「できそうな技」を選択し、自分の「めあて」とすることにより、当該の児童にとっては苦手であった「器械運動の『技能』」を意欲的に身に付けていくことにつながっている。また、タブレット端末を活用し、自分の動きをフィードバックできている点も効果的である。この事例では、児童が、自ら振り返り「評価」することで、児童の次への意欲を引き出している。

英語に親しもう
～英語ってなあに？　不思議な言葉～

❶　実践の概要

　本校の中学部では，これまでも音楽の授業で外国語の歌を扱ってきた。平成30年度より外国語として指導するために，国語科の中で取り扱うこととした。国語科の学習は習熟度別のグループで指導するため，実態により扱う内容は異なっている。その中で，簡単な挨拶やコミュニケーション方法を学び，体験的な学習を繰り返すことで，自然と英語が発せられるようになることへつなげている。今回，生徒が興味・関心をもって主体的に取り組み，知識と技能を身に付けた実践を振り返って報告したい。

❷　単元の目標

・学校生活や日常生活で何気なく見たり聞いたり使ったりしている言葉が，外国語であることを知り，その言葉の意味が分かり，意識して使うことができる。**（知識及び技能）**

・簡単な英語の挨拶を知り，場面に応じて学校生活で使うことができる。**（思考力，判断力，表現力等）**

・伝わる喜びを感じ，コミュニケーションツールの一つとして，積極的に使おうとする。**（学びに向かう力，人間性等）**

❸　単元について

（1）生徒の実態

　本校の中学部は42名の生徒が在籍しており，通常の学級は等質になるように学級編成をしている。国語科と数学科の教科学習においては，各学年で習熟度別にグループを編成し，年間指導計画を立て，それぞれ週2時間の学習に取り組んでいる。

　2年生の国語科の学習では，三つのグループで編成している。今回取り上げるグループは5名で編成しており，比較的，知的障害の程度が軽度のグループである。このグループはとても積極的で，質問を素早く理解して手を挙げて答えることができる生徒がいる。一方で，自閉的傾向が強く新しい学習に不安を感じる生徒もいる。このグループでは視覚的教材を使用した授業が効果的である。

　生徒Bは，知的障害の程度が軽度で活発な生徒である。誰とでも親しく話すことができ，何事にも率先して取り組むことができる。しかし，心配性で，家庭で少しの時間の留守番でも涙を浮かべるようなこともあり，自信がなく引っ込み思案な性格で，不安感が強い。

　生徒Cは，比較的軽度な自閉症スペクトラムのある元気な生徒である。自分の要求を

大きな声で教師に伝えることができる。しかし，自信がもてないときは，声が小さくなったり，言葉に詰まったり，不適切な行動に出たりすることがある。

　以上のことから，英語を学習し，実際に使う場面を設定するなど，体験的な活動をすることで知識及び技能として少しでも活用できるのか。また，英語というコミュニケーションツールを使って自信や自己肯定感を育み，満足感や成就感を味わい，学校や家庭で安定した生活ができるかを，毎日の学校生活での表情や心の状態など家庭と連携して検証していく。

（2）単元の設定

　生徒たちに英語の印象を聞いてみると，「難しそう」「話すのは少し恥ずかしい」と消極的な意見がある一方で，「英語を話してみたい」「英語の挨拶が楽しい」など前向きな意見も出てきた。そこでアルファベットやローマ字表記だけでなく，もう少し幅を広げて学習してもよいのではないかと考えた。

　英語は単に外来語，英単語を学ぶだけでなく「コミュニケーション能力を高めること」など自立活動的な内容を含んでいる。また，英語の特徴的な発音や，「どうして○○がその言葉になるの？」など，日本語から英単語への変換が，生徒の興味・関心を湧かせるのではないかと考え，この題材を設定した。

　英語で伝わる楽しさを感じ，コミュニケーション能力のスキルを高め，自信や自己肯定感を味わうことができるようにして，深い学びにつなげていきたいと考えている。

（3）教材・教具の工夫

　生徒の興味・関心を引くために，なじみの深い「かるた」を英単語バージョンとして利用した。写真1のように生徒用として，英単語と片仮名（発音記号に近い表記になるようにした）のカードに絵や写真を付けたもの，英単語と片仮名だけのカードの2種類を用意した。繰り返し学習しながら，徐々

写真1　英単語かるた

に英単語を覚えていけるように配慮した。教師用としては，日本語で書かれたものを用意した。

　また，慣れてきたところで，カードを取った生徒に発音もしてもらうようにルールを変えていった。動作のカードを取ったときには，ジェスチャーをすることで，頭と体で覚えるようにした。その他，生徒がスムーズに活動できるような工夫として，視覚的に理解しやすく，活動に興味・関心をもつことができ，かつ，楽しい・面白いと感じることができる絵カードを使用した。

　英語の授業の中で，「季節の贈り物を制作しよう」と，生徒たちが楽しみにしているクリスマスに着目した。

クリスマスは一年の中で，生徒たちが最も楽しみにしている行事の一つである。また，「クリスマス」という言葉は，生徒たちの中で，なじみ深く，イメージしやすい英単語である。しかし，クリスマスのときに，贈り物をしたことがある生徒はいなかった。そこで，写真2のようなクリスマスカードを作り，贈ることにした。とても簡単なクリスマスカードであるが，「Merry Christmas」という英単語と，贈る相手の名前と自分の名前をアルファベットで書くようにした（生徒及び保護者の了承・理解の下，宗教的な意味合いがないように，クリスマスを題材として取り上げた）。

写真2　クリスマスカード

4　評価

（1）評価規準

知識・技能	思考・判断・表現	主体的に学習に取り組む態度
・自分の名前の表記を理解している。 ・簡単な英単語を覚えている。 ・英語を使って，簡単な挨拶，自己紹介をしている。 ・簡単な英語や定型文を使って，自分の名前や好きな物を伝えている。	・状況に合う英語で覚えた挨拶をしている。 ・大きな声で英語の歌を歌ったり，英単語を発音したりしている。	・大きな声で英語の歌を歌ったり，英単語を発音したりしている。

（2）評価方法のポイント

・日本語と外国語の違いに気付き，興味・関心をもって授業に臨めるようにする。

・英語の発音に興味をもち，恥ずかしがらずに大きな声を出すことができるようにする。

・達成できる目標を設定する。

・自信や自己肯定感を高め，英語への興味・関心が薄れないように，具体的に褒める。

・学校生活の一場面において，コミュニケーションツールの一つとして，英語を活用するようにする。

5　単元の指導計画

時	学習内容	学習活動	評価規準
1 ～ 3	●アルファベット，ローマ字表記を知る。 ●身近な英単語を知る。	① アルファベットのなぞり書きをする。 ② 身近に使われていたり，使ったりしたことのある英単語や外来語を折り込み広告などから探す。	★自分の名前をローマ字で書き，覚えている。知

	学習活動	指導上の留意点	評価規準
4 ~ 7	●日本語と英単語の意味を知る。	③ 色や果物，数字など，簡単な英語を繰り返し学習する。英単語かるたをしながら，楽しく覚える。簡単な動作（立つ，座る，跳ぶ，止まるなど）を行いながら，発音して覚える。	★絵や図がなくても，日本語から英単語に言い換えている。[知]
	●簡単な挨拶の方法を知る。	④ 「Good morning」「Hello」「Good bye」など，すぐに使える挨拶を繰り返し学習する。	★相手から英語で挨拶されたら，同じく英語で挨拶を返している。[知][思]
	●簡単な自己紹介の方法を知る。	⑤ My name is～ I like～の英文を繰り返し学習して覚える。また，「～」に続く言葉を考える。	
8 ~ 10	●季節の贈り物の制作 ●ロールプレイ	⑥ 英語とローマ字を使い，クリスマスカードを作る。 ⑦ 挨拶の場面や自己紹介の場面を想定し，教師や友達と役割を決め，演じる。	★実際に演じてみることでコミュニケーションを体験し，達成感を感じている。[思][態]

6 本時の展開〔第10時〕

（1）本時の目標

・大きな声で歌を歌うことができる。

・ロールプレイでは，お題に合った言葉を考え，英単語を考えることができる。

・ロールプレイでは自信をもって，英語で相手に伝えることができる。

（2）本時の展開

学習活動	指導上の留意点	評価規準
導入（15分） 英語の歌，復習（英語の挨拶，好きな食べ物）をする。		
① 「ダンシングクイーン」を歌う。 ② 朝，昼，帰りの挨拶を練習する。 ③ 好きな物を考える。	・大きな声を出すように身振り手振りで示す。 ・発音を重視できるように，分かりやすく片仮名カードで提示する。	★積極的に大きな声を出している。[知]（表情） ★日本語から英語に変換して発音している。[知]（発音，抑揚）
展開（17分） ロールプレイで体験してみよう。		
④ 挨拶の場面（朝，昼，帰り）	・分からない場合は，片仮名カードを提示する。 ・「発音がよかったよ」「片仮名カードを見なくても言えたね」など，自信がもてるように具体的に褒める。	★相手に返すことができている。[思]（発言） ★相手に伝わっている。[知]（発音，内容）
⑤ 好きな物を伝え合う。	・しっかりと相手に伝えるために，ゆっくりと言えるように促す。	
まとめ（8分） ロールプレイの振り返りをする。		

⑥　ロールプレイを振り返り，感想を述べる。	・前回のロールプレイと比べて感想を書く。 ・ロールプレイの感想を発表する。	★自分なりの感想を書いている。思 （ワークシート）

7　生徒の学びの姿

　毎時間，授業の始めに英語を印象付けるために「エーデルワイス」「ダンシングクイーン」などの歌を歌った。また，「ダンシングクイーン」の歌では，さらに気持ちを盛り上げるために，振り付けも付けることとした。

　「英語の歌」を歌うことについては，生徒たちの中には，興味津々で聴き入

写真3　「ダンシングクイーン」

る生徒もいれば，「何の言葉？」という戸惑いのような表情の生徒もいた。生徒Cについては，始め聴き慣れない英語の歌に戸惑い，耳をふさいで教室の隅に座り込んで，動けなくなった。しかし，少しずつ英語の歌，英語を学習することで，徐々に慣れてきて，笑顔が見られるようになり，最終的には，一部分ではあるが，笑顔で歌いながら踊ることができるようになった。

　アルファベットやローマ字表記の学習では，「なぞり書き」から始め，自分の名前を覚えて書けるようにした。生徒B，Cについては，アルファベットは平仮名，漢字よりも複雑さがないため，なぞり書きや視写の時点から，丁寧に書くことができた。また，「はね」「はらい」などがないことでも，書きやすさがあり，スムーズにすらすらと書くことができるようになった。自分の名前をアルファベットで書くことができるようになったことで，喜びの表情を浮かべ，他の教員に自慢するなど，大人への第一歩に似た達成感を味わうことができたと感じている。

　英単語かるたについては，かるた遊びに慣れていることがあったため，生徒たちはすぐにルールを理解し，競い合い素早く取って，とても積極的に活動していた。徐々に絵や図がないカードも混ぜながら取り組んでいくと，少し考えながら取るようになっていった。英単語を覚えるにつれて，始めの素早さはないものの，「間違えた！」「取った！」と声を出し，意欲的に活動する様子を見ることができた。遊びを通して，英語に触れることで間違えることに不安を感じずに学習ができた。英単語を楽しみながら発音して，日本語と違った音に触れることで，生徒の英語に対する興味・関心が高まり，知識及び技能として獲得できたと思う。

　ロールプレイは，英語でのコミュニケーションのきっかけをつかんでほしいと思い，設定した。簡単な挨拶の場面や定型文を使った自己紹介で名前や好きな物などを伝えることをした。挨拶の場面ではスムーズに英語が出てきたが，長い定型文になると，忘れてしま

ったり，戸惑ったりする場面が見られた。感想を聞いてみると「緊張した」「英語が言えた」などが挙がった。繰り返し行うことで，慣れてきて積極的に挙手して参加したり伝わる喜びを感じたりすることができるようになっていった。

写真4　ロールプレイ

この単元を終えた後の国語科の学習における二人の様子を見ていると，生徒Bについては，自信を付け，積極性が出てきて，引っ込み思案や不安感が少しずつ解消している。生徒Cについても，褒められることで，笑顔が多くなり，不適切な行動が減ってきた。また，2人とも自然と英語が発せられる場面をよく見かける。それは下校時の挨拶「Good bye（グッバーイ）」である。行き交う先生たちに「バイバイ」ではなく「Good bye（グッバーイ）」と声をかけている姿はとても印象的である。本人たちにとって一番発音しやすく，親しみがもてる英語になったのだと実感した。

週2時間の国語科の学習の中で10時間とはいえ，約1か月の間の指導を単元として設定することは，大きな意味がある。言葉の概念を広げ，これまで片仮名言葉として知っていた物の名前も外国語として発音を含め正しく知ることは大きな自信につながり，生活を豊かにすることにもつながっていく。知的障害の程度が違うグループでも，果物や色の名称などを扱うことで楽しく取り組むことができている。日本語に限らず，言葉が分かることは自分を表現できることにつながると考える。

〈愛知県立豊川特別支援学校：佐々木 基〉

■**本事例の授業評価**

外国語の指導を導入するに当たって，国語の教育課程を工夫し，コミュニケーションを図る素地となる資質・能力を育成しようとした取組である。10時間という短い時間ではあったが，ロールプレイやカードゲームという生徒が主体的に参加できる場面を設定することにより，生徒の意欲を引き出すことに成功している。日常的に英語を使おうとする様子も見られるようになっており，外国語の導入が楽しみである。

数学科における「育成すべき資質・能力」を育む主体的・対話的で深い学びの実践

～「数えて！　比べて！　合わせよう！　ボウリング！」～

1　実践の概要

　本実践は，校内研究で行った「育成すべき資質・能力」を育む主体的・対話的で深い学びの追求を目指した授業改善への取組の一事例である。ボウリングゲームの活動を通して，算数・数学科の「数量の基礎」「数と計算」「測定」の領域における「数を数えること」や「数量を比較すること（多少比較）」「合わせた数を求めること」ができるようになることを目指した。

2　単元の目標

・ボウリングのピンを数えたり，量を数字で表したりすることや，二つの数を合わせた数を求めたりすることができる。**（知識及び技能）**

・指差しをしながら正確に数えようとしたり，数を比べて多いほうを選んだりすることができる。**（思考力，判断力，表現力等）**

・倒れたピンを数えようとしたり，たくさんのピンを倒そうとしたりする。**（学びに向かう力，人間性等）**

3　単元について

（1）生徒の実態

　本校中学部における数学科の授業は，学年で実態別学習グループを編成して行っている。グループ編成のための実態把握については，本校で作成した「学習指導要領実態把握シート」を活用した各担任によるアセスメントを基にしている。本学習グループは，学習指導要領における算数・数学科の小学部1段階，2段階の内容を学ぶ中学部1年生の男子4名，女子1名，計5名で構成され，教師3名が指導を行っている。

　アセスメントから見える実態は，小学部1段階の生徒が2名，小学部2段階の生徒が3名である。グループの実態として，数字や数唱，数量について，正確ではないが答えることができる生徒もいれば，具体物による操作課題で一対一対応を学習している生徒もおり，生徒5名の実態差は大きい。

　一斉指導場面において，前方で話す教師に注意を向けることや課題の主旨を理解することは難しい。離席が多い生徒もおり，教室から出ていくこともしばしばであることから，5名の生徒が一堂に学習に取り組むことそのものが難しい実態があった。

　小学部2段階の内容を学習している生徒Dは，離席はほとんど見られない。動きや声も小さく，発言も少ない生徒である。教師の口頭指示や説明は理解できていることが多く，

質問にも単語で答えることができる。数字を読むこともできるため、生徒Dについては、質問に対する答え方や動作から評価する。

（2）単元の設定

　数学科としての学習を積み重ねていくに当たり、数についての基礎・基本的な理解力は欠かせないと考え、本単元では、「数量の基礎」「数と計算」の領域を取り扱った。

　単元の設定に当たっては、生徒がゲーム等の遊びや楽しみを伴う活動を行いながら数に触れられる学びの場を設けていくこと、5名の生徒が一同で学習に取り組むことができる環境づくりを行うことを目指し、「ボウリングゲーム」の活動を主軸に置くこととした。また、学習に発展性をもたせるために、倒したピンの数を数える学習の基盤となる活動から、友達の倒したピンと自分が倒したピンの数を合わせて得点を求めるといった、加法につながる活動を取り入れた。さらに、「測定」の領域から、友達の倒したピンの数と自分が倒したピンの数を比べる「多少比較」の活動を設けた。単元を通して、生徒がボウリングゲームを楽しみながら学習を積み重ねられることをねらった。

（3）教材・教具の工夫

　ボウリングで扱うピンは、コーヒー缶にピンの写真を貼りつけて作成した。小学部1段階の生徒は観点「数量の基礎」で数の一対一対応について学習していた。そこで、一つのマスに対して一本のピンを対応させるマス箱を用意して、ピンの数を数えるようにした。

写真1　ボウリングのピンとマス箱

　自分が倒したピンと友達の倒したピンの数を合わせた数を求めたり、友達のピンの数との多少を比べたりするときは、木製の立方体ブロックを使用した。数図ブロックよりも大きくて操作しやすいと考えたためである。また、多少を比較する際には、視覚的に見取る量的な差だけでなく、数の違いにも注目を促したかったため、1〜10の数になるよう、ブロックをつなぎ合わせたものをそれぞれ用意して活用した。今回の指導では、生徒の実態を考慮し、「見やすさ」「分かりやすさ」をねらいブロックをつなげて使用したが、単元で目標

写真2　多少比較や合わせた数を求める操作活動で活用したブロック

とした量的な多少比較についてアプローチを図るのであれば、ブロックはつなげず、写真2のようにそれぞれがバラの状態で見比べるほうがより望ましかったのではないかという課題が残った。

4 評価

（1）評価規準

知識・技能	思考・判断・表現	主体的に学習に取り組む態度
小学部2段階（数と計算） ・10までの数を正確に数えている。	・二つの数のまとまりになっているピンを一つのまとまりに合わせて数を求めている。	・自分が倒したピンを指差しや数唱して数えようとしている。
（測定） ・ピンやブロックを並べて，数を比較している。	・基準となる数字より大きい数を「多い」と答えたり，選んだりしている。	・たくさんのピンを倒そうとしている。

（2）評価方法のポイント

・観点別評価，個人内評価はボウリングの場面とその後に行う小グループでの活動場面で行った。

・ボウリングは1人ずつ順番に行うようにした。倒したピンを数える際に，小学部2段階の生徒はピンを並べたり，指差ししたりして数える姿から評価した。

・ボウリングを行った後，小学部1段階，2段階の実態別の小グループを編成し，それぞれのグループで数字カードとのマッチングやブロックを用いた加法，多少比較の活動を行った。グループ別の課題における様子から評価をした。

・授業の終わりに，板書上で示したボウリングのスコアを振り返るようにした。記録された数字からその日の優勝者，優勝チームを生徒と導き出して本時のまとめとした。

5 単元の指導計画

時	学習内容	学習活動	評価規準
1〜2	●数えよう	① 自分が倒したピンの数を数える。 ② 倒したピンの数を数字で表す。	★ピンの数を答えている。知 ★ピンの数を数字で書いたり，数字カードを選んだりしている。思 ★ピンの数を指差し等で数えようとしている。態
3〜4	●比べよう	③ 自分が倒したピンと友達が倒したピン（ブロック）を並べて，多少を比較する。 ④ 自分が倒したピンと友達が倒したピンを，数字で多少を比較する。	★ピンやブロックを見て，数が多いほうを選んでいる。知 ★数字カードを見て，数が多いほうを選んでいる。思 ★より多くのピンを倒そうとしている。態
5〜6	●合わせよう	⑤ 自分が倒したピンと友達が倒したピンを合わせた数をブロック操作で求める。	★二つの数を合わせた数を答えている。知 ★ブロックを合わせて合計数を数えている。思 ★ピンの数を指差し等で数えようとしている。態

6 本時の展開〔第6時〕

（1）本時の目標

・倒したピンの合計を求めることができる。（小学部2段階：数と計算）

・数字で数の多少を比較し，多いほうを選ぶことができる。（小学部2段階：測定）

（2）本時の展開

学習活動	指導上の留意点	評価規準
導入（10分）　前時までの振り返りと本時の活動を知る。		
① 数字の動画を見る。 ② 本時の活動とめあてを確認する。 ・めあて：数を合わせよう（小学部2段階）	・学習環境を整えるため，アニメーション動画を流して授業を開始する。 ・数字カードを映像に照らし合わせながら動画を流す。 ・授業の展開（ボウリング，グループ，まとめ）をスライドで示す。	
展開（35分）　・全員でボウリングをする。 　　　　　　　・2グループに分かれ，合わせた数を求めたり，多少を比較したりする。		
③ ボウリングをする。 ④ 小グループに分かれて課題に取り組む。 ・合わせた数を求める。（小学部2段階）	・倒したピンを並べたり，指差ししたりしながら数えるようにする。（小学部2段階） ・倒したピンをマス箱に入れながら数えるようにする。（小学部1段階） ・倒したピンの数をブロックや数字カードで表し，それらを用いて友達が倒したピンとの合計数を求めるようにする。（小学部2段階）	★倒したピンの数を指差し等で数えている。態（動作） ★合計の数を合わせた数を答えている。知（発言） ★ブロックを操作して合計数を求めている。思（動作）
まとめ（5分）　本時の勝敗を確認する。		
⑤ 本時の勝敗を確認する。 ⑥ 本時のまとめをする。	・小学部2段階の生徒がグループ学習で求めたそれぞれのチームの数を発表し，本時の勝敗を明らかにする。 ・合計数を求めるためのブロック操作を全体で確認する。	

　単元を進めるに当たっては，毎時間の学習の流れをパターン化することで，生徒が見通しをもてるようにする。パターンは，「①テレビでの導入，②全体で一人ずつボウリング，③小グループに分かれての課題，④本時のまとめ」の流れで統一した。

　数を数えるという知識及び技能に係る点については，「②全体で一人ずつボウリング」の場面において，生徒の実態に応じて，ピンを一つずつマス箱に入れることで数を確認することや，倒れているピンを並べたり指差ししたりすることで正確に数える機会を設定した。

　また，「③小グループに分かれての課題」の場面においては，単元が進むにつれて発展性をもたせることができるよう，ブロックの数を数字で表すことから，二つの数の多少を

比較したり，二つの数を合わせた数を求めたりする内容へと課題をステップアップしていくようにした。

7 生徒の学びの姿

単元に入るに当たり，算数・数学科の見方・考え方として，数を数えること，数を操作すること，数を量的に見取って比較すること，を教員間で確認した。

まず，本単元で授業の流れをパターン化したことは生徒が活動に見通しをもち，落ち着いて授業に参加することに有効であった。学習の始めに流すアニメーション（インターネット上の教育チャンネル）を見ることで，学習環境を整えて活動に入ることができた。

写真3　ボウリングの様子

数の学習に関して，一人ずつ順番にボウリングをする中で，小学部1段階の生徒はピンをマス箱に1本ずつ入れるという数の学習基盤になる「一対一対応」に毎時間取り組むことができた。小学部2段階の生徒は，倒したピンの数を一人ずつ数えるが，3名とも共通して，倒れたままの状態のピンを目視で数えようとする様子が見られていた。そこで数え間違うことも多いため，倒れたピンを並べて提示する，自分でピンを並べて数える，指差しで数える等，生徒に応じて指導した。生徒Dは倒れたピンを並べて提示することから始めた。うなずきながら数えるようになり，ピンが整列していない状態でも正確な数を答えられるようになった。

数を合わせることに関しては，小グループでブロックを操作しながら学習を重ねた。3と4を合わせた数を求める課題の際，「合わせて（全部で）いくつ？」と尋ねると，3と4のブロックがそれぞれ離れている状態のときに「1，2，3，1，2，3，4」と数える生徒もいた。それぞれのブロックを生徒が操作し合わせることで，数の合成の理解を促した。生徒Dもブロックを合わせるという操作を通すことで正確な数を答えることができた。また，二つの数を両手指で表し，それらを合わせて数を答えるようになった生徒もいる。

数の多少比較については，「多いほうを選ぶ」という発問や課題の主旨を理解するまでに2～3時間，数の指導を継続する必要はあったが，二つの数のブロックを並べて提示し，その量的な違いを示す方法で，数字カードでの比較でも答えることができるようになった。本時に当たる単元最後の時間には，生徒Dのチームが4点，相手チームの得点が2点と2点の計4点という形であった。小グループでの活動において，両チームの得点をブロックで求めた際に，自分のチームの得点は4点であることをスムーズに求めることができた。しかし，相手チームの得点を求める際には，数列表とブロックを並べて提示しても「3」

と答える姿があった。これまで生徒Dは，答えが間違っているときにも，ブロックを操作することで正解に気付き，答えることができていた。そのため，このときの生徒Dは数え間違えているのではなく，ボウリングゲームの勝負にこだわる気持ちがあったために，相手チームの得点を3点であると答えていたと見取った。それは，数の量的な理解ができた姿として評価できるものだと捉えた。

　単元を通して，算数・数学科としての見方・考え方は何か，本単元で身に付けてほしい資質・能力は何かということを教員間で整理して臨むことの重要性を感じた。その教科の本質に迫ることができるような体験，体感的な活動を設定することは，生徒の主体的に学ぶ姿につながり，知識・技能的な意味付けをもった活動，思考・判断・表現を巡らす場面をつくり出すことができるのではないかと思う。

〈熊本県立熊本支援学校：古川　伊久磨〉

■本事例の授業評価

　5名という少人数ながら，実態差の大きなグループでの一斉指導の事例である。算数・数学は，ややもすると「知識及び技能」を習得させることが主眼となってしまいがちであるが，児童生徒一人一人が生きるために必要な数の概念を身に付けさせることを通じて，数学的に考える資質・能力を育成することが肝要である。本事例のように教材を工夫し，具体物の操作を本人が分かるように提示することが，汎用性のある知識の習得に結び付く。

「社会の一員として，私たちにできることは何か」
～地域社会との交流活動　養護老人ホームでの活動～

１　実践の概要

　本校の中学部生徒は，これまで「自分の役割を果たす」「自分のやったことが認められる経験」を積み重ねてきたが，さらに，「人とのつながりを広げ，自己有用感を高めたい」と考え，地域の養護老人ホーム（以下，「老人ホーム」という）での交流活動を設定した。「私たちにできることは何か」を全員で考え，自分たちでできる活動に取り組んだ。まとめに，これらの活動を振り返り，老人ホームの方々に対し，「私たちにできること」を計画し，報告会を行った。

２　単元の目標

・地域の人々と交流することにより経験を広げ，人との適切な話し方や関わり方を身に付けることができる。**（知識及び技能）**
・社会の一員としての自覚をもって施設を掃除したり，請け負った仕事に責任をもって取り組んだりすることができる。**（思考力，判断力，表現力等）**
・「養護老人ホームの人たちのために何ができるのか」について考えたり，友達の発表を聞いて意見を共有したり，共感したりして，仲間と一緒に学習する意識をもつことができる。**（思考力，判断力，表現力等）**
・自己選択や自己決定する場面を通して，自分は何ができるのかを考えたり，友達と協力して考えたりして，目標に向かって自分のもっている力を発揮しようとする。**（学びに向かう力，人間性等）**

３　単元について

（１）生徒の実態

　本校の中学部 3 学年には 2 学級あり，11 名の生徒が在籍している。この中には，自閉症を含む発達障害を併せ有する生徒がおり，認知面は，小学校 3 年生程度の漢字の読み書きができる生徒から，平仮名を読むことは難しいがなぞり書きができる生徒まで，学習面での実態は様々である。人との関わりにおいては，初対面の相手に対して緊張して話すことができない生徒や，来客の前で気持ちが高ぶって注意散漫になり動きが多くなる生徒，相手の名前が気になり，突然「名前は？」と言って名前を聞き出そうとする生徒等，人との適切な関わり方を身に付けることに課題がある生徒が多い。しかし，友達と積極的に関わろうとする生徒が多く，目標に向かって互いに励まし合いながら取り組むことができる集団でもある。

生徒Eは，教師からの問いかけや自分からの発信に緊張してしまい，「うん，うん」とうなずいてやり取りを終えてしまうことが多く，自分の気持ちを「楽しい」「嬉しい」という言葉で表現することが多いため，教師が推測して本人の気持ちを受け止めている。

生徒Fは，初めての活動に緊張が強く表れる生徒であるが，自分の気持ちを言葉にしたり，書いたりして表現することもできる。また，みんなが気持ちよく活動できるように，提案したりまとめたりすることもできる。

（2）単元の設定

生徒たちは，2学年のときに生活単元学習の中で「郷土の祭り　ねぶた」について学習を深め，校内でねぶた囃子発表会を実施した。その活動を中学部集会でも同じように発表し，多くの人たちに学習の成果を認められたり，称賛されたりして自信となり，達成感を味わうことができた。その一方で，「様々な人と関わり，社会の人とのつながりを感じるためには，もっと校外へ出て人と関わっていくような学習を重ねるべきでは？」という反省も挙げられた。このことから，「社会の一員として，私たちにできることは何か」を生徒全員で考え，老人ホームの人たちのために役に立つ活動（清掃活動，請負仕事）を行うことで「自己有用感」を高めていきたいと考えた。

本単元を実施するに当たっては，生徒たちが話し合う場を設け，自分の意見を言うことや友達の意見を聞くことを通して自分の考えを振り返る場面を設けた。また，生徒たちが自分でできそうな活動を選ぶことができるように選択肢を用意し，一人でも自信をもってできるように設定した。そして，交流活動の最後にまとめとして，自分たちで計画したことを発表する場を設けるようにした。さらに，一つ一つの活動を通して，生徒たちの達成感や気持ちの変化が分かるようなワークシートを使用して，生徒が内面の変化に自分で気付くようにポートフォリオも活用した。

（3）教材・教具の工夫

①　ワークシート

自己選択・自己決定できる場面を多く取り入れ，生徒が目的や自分の役割を意識し，自身の心の変化に気付くこと，感じたことや次にやってみたいこと等を表現できるように，ワークシートを作成してポートフォリオにした。

自分の言葉で記入する「記述用」とイラストや言葉に○を付けて表す「記入用」の2とおりを作成し，単元を通して改良しながら使用し続けた。

写真1　ワークシート（9月）
「役に立つことができたかな」と「次にやってみたいこと」を追加

②　お願いビデオ

請負活動の内容を生徒に伝えるに当たり，職員の方からの依頼メッセージを「お願いビ

デオ」として提示した。「お年寄りが手すりを使って歩くことが多いので，手すりをきれいにしてほしいです」といった「なぜ，何のためにその活動をするのか」が生徒に伝わることで，より責任を感じたり役割を果たしたりできるのではないかと考えた。

　③　「いいね」カード

　自分の気持ちを表現したときに，友達から「その気持ち分かる」といった共感している状況

写真2　その気持ち「いいね！」「いいねカード」

を言葉だけではなく，視覚的に感じることで，相手から認められた嬉しさを感じたり，一体感を味わったりすることができるのではないかと考えて作成した。

4　評価

（1）評価規準

知識・技能	思考・判断・表現	主体的に学習に取り組む態度
・活動内容や流れを理解して取り組んでいる。 ・役割を理解して取り組んでいる。 ・道具や物の扱い方を理解して，安全に使用している。 ・使った場所をもとどおりの状態にしている。	・困ったときは教員や職員の方に伝えたり，指示を聞いたりしている。 ・言葉遣いに気を付けて挨拶や報告をしている。 ・自分の気持ちを選択したり表現したりして，目標設定や振り返りの場面で友達や教師に伝えている。	・自分の役割に自覚をもち，最後までやり遂げようとしている。 ・自分は何ができるのかを考えたり，友達の意見を聞いて共感したり，自分の気持ちを表現したりしている。

（2）評価方法のポイント

・観点別評価については，教員間で評価の観点を単元前に確認し合い，月ごとに生徒一人一人の達成状況を評価する。

・個人内評価については，ワークシートの記録や交流活動の様子を撮影した写真，ビデオ記録，教員によるエピソード記録を見て，評価する。

・友達の発表を聞く，仲間の意見を共有・共感する場を設定して，そのときの表情や発言を教員が記録に残しておき，評価に生かす。

5　単元の指導計画

時		学習内容	学習活動	評価規準
6 月	1～9	●私たちを知ってもらうために何をする？	交流活動1回目※	
7 月	10～15	●請負仕事の練習をしよう	交流活動2回目※	
8 月	16～21	●ステップアップ課題を達成するためには？	交流活動3回目※	
9 月	22～27	●「役に立つ」ってどういうこと？	交流活動4回目※	
10 月	28～35	●窓拭きの仕方を先輩に教わろう	交流活動5回目※	

| 11月 | 36〜41 | ●自分から挨拶してみよう | | 交流活動6回目※ | |

| 12月 42〜50 | ●最後の老人ホームで何をする？
・今までの振り返り（本時）
・活動内容検討（本時）
・役割分担と練習
・交流活動7回目※
・まとめの学習 | ⑰ 今までの活動を振り返り，そのときの気持ちや気持ちの変化をワークシートに表す。
⑱ 老人ホームの人たちのために何ができるのかを考える。
⑲ みんなで活動内容を考えて，決める。
⑳ 活動報告会を行う。 | ★自分のそのときの気持ちを思い出して表現したり，回数を重ねるごとに気持ちが変化したりしていることに気付いている。思
★自分やみんなで何ができるのかを考えようとする。態 |

6 本時の展開〔第42〜43時〕

（1） 本時の目標

・老人ホームの人たちのために何をしたいかを考えたり，友達の考えを聞いたりして，自分の考えをまとめたり，友達の考えに共感したりすることができる。

・当日の活動内容や役割分担等の計画を立てることができる。

（2）本時の展開

学習活動	指導上の留意点	評価規準
導入（7分） 本時の活動を確認し，前回の交流活動についての振り返りをする。（省略）		
展開Ⅰ（38分） 今までの活動の振り返り，そのときの自分の気持ちをワークシートに記入し，みんなの前で発表する。（途中省略）		
③ 写真やビデオを見て今までの交流活動の様子を振り返る。 ⑤ 自分のそのときの気持ちをワークシートに書いたり，イラストや言葉を選んだりする。	・今までの活動の写真やビデオを映し，「何をしたのか」を問いかけ，ワークシートにどんなことが書いてあるのかを確認するように言葉かけをする。 ・そのときの自分の気持ちをワークシートに書いたり，イラストや言葉を見たりして選ぶように促す。	★今までを振り返り，自分の気持ちの変化を言葉や表情から感じている。知（発言，表情，ワークシート）
展開Ⅱ（47分） 老人ホームの人たちのために何ができるのか，自分の考えを表したり友達の意見を聞いたりして，全員で活動内容を決める。（途中省略）		
⑨ 老人ホームの人にインタビューしたビデオを見る。 ⑫ 老人ホームの人たちのために，自分は何ができるのかを考える。 ⑬ 大成功の顔はどんな顔なのかを考えたり，描いたりする（生徒それぞれが描いた顔を，当日の評価のめやすとする）。 ⑭ 当日の活動について，グ	・玄関掃除をしていたときに，そばで見ていた老人ホームの人にインタビューしたビデオを提示する。 ・「老人ホームの人たちのために」をキーワードに考えるように促す。 ・生徒が悩んでいる場合は，今までやってきたことを提示したり，生活の中からできることを考えたりするように促す。 ・「老人ホームの人たちの表情がどんなふうになったら，活動が大成功なのか」を発問する。 ・自分でワークシートに書いたり，教師とやり取りしながら表現したりするように促す。 ・各グループで，最後の活動でやることを	★「また，お願いします」の言葉を聞いて，何かを感じることができている。思（発言，表情） ★自分の考えたことを書いたり，教師や友達に伝えたりしている。思（ワークシート） ★友達の意見を聞いたり，他のグループの発表を聞いて共感したり，違い

ループになって話し合い，発表シートに書く。	・話し合う。	を感じたりしている。[感]（発言，カード）
⑮ 話し合った活動内容を発表する。	・話し合ったことをみんなの前で発表するように促す。	
⑯ 出された活動内容を全員で確認し，調整の仕方を考える。	・出された意見を調整するために「どうやって決めるか」を問いかける。	
⑰ 活動内容を決定する。	・調整の仕方が決まったら，生徒たちでそのやり方で進めるように促す。	

まとめ（8分）本時の学習の振り返りを行い，自分の気持ちを表す。（省略）

7 生徒の学びの姿

交流活動では，清掃活動（玄関掃除，落ち葉集め，窓拭き）と請負仕事（手すり拭き）を行った。中学部生徒は今まで窓拭きの経験がなかったため，事前練習として高等部生徒にゲストティーチャーとして来てもらい，窓拭きのやり方や気を付けることを教わった。初めは互いに緊張していたが，練習後は「もっとやりたかった」「先輩がかっこよかった」と感じ，「先輩へのあこがれ」や「先輩のようになりたい」と感じることができた貴重な体験であった。

そして，生徒たちは，交流活動の回数を重ねるごとに自分の役割の活動にすぐに取りかかるようになり，責任感をもって時間いっぱい取り組むことができるようになった。ある生徒の様子に対して，担任は連絡帳で保護者に伝えていたが，最後の交流活動を行う事前学習で「『今の気持ちは？』という問いかけに対し，『任せて』を選んでいました」と記入した。すると母親から，「どうして『任せて』を選んだのでしょう？今まで人に自分から挨拶をすることや働きかけることがほとんどなかったのに，こんなに意欲的に取り組んでいるというのは，驚きました」という嬉しい連絡があった。

写真3　発表会でおじいちゃんとおばあちゃんがこんな顔になったら「大成功」（生徒たちの評価規準）

毎回，老人ホームでの交流活動が終わった後に，振り返りワークシートの記入を続けてきたが，9月から，「役に立つことができたか」の項目を入れ，選択による自己評価を行うこととした。評価をした後には，担当の教員が生徒と対話を重ねて，生徒の気持ちを言語化するようにした。

できた（◎）と評価した生徒は「ありがとうと言われた」「おばあちゃんが笑顔だった」「掃除をしたらその場所がピカピカしたから」とその根拠を表現し，具体的に根拠を表現できるようになるごとに「できた（◎）」と評

写真4　12月「あのときの私は，どんな気持ち？」振り返りワークシート

価する生徒が増えていった。このように自分の気持ちを言語化し，相手から認められることが自信につながり，役割に対する意識付けや次の活動への意欲付けが図られた。また，ポートフォリオ化したことで，生徒自身が気持ちに変化が起きていることにも気付くことができた。

　生徒Eは，日頃から「頑張った」「楽しかった」という自己評価をすることが多い生徒だったが，6回のうち2回は取り組む活動の目標のレベルを上げており，そのときに「今の気持ちは，ドキドキ」を選んでいた。「ドキドキする」というその理由を教員が気付いて生徒に伝えると，教員と分かり合えたと感じて，生徒Eは心から嬉しそうな表情をしていた。

　生徒Fは，「はずかしくて，なかなかあいさつができなかった」と書いていたが，自分の挨拶に対して相手が応えてくれるという経験を重ねることで自信が付き，「ぼくがあいさつしたら，おばあちゃんがあいさつしてくれた」という喜びを知り，「自分から相手に働きかける，関わろうとする」ことができるようになった。そして，それぞれが自分の成長を感じながら，「おじいちゃん，おばあちゃんの役に立ちたい」「感謝の気持ちを伝えたい」「笑顔になる大成功の企画を考えたい」という意識が生まれ，思いの込もった計画を立て，活動報告会を行うことができた。

　単元最後の振り返りでは「この学習を通してできるようになったことは，何だろう？」という問いに，「きれいにしたいという気持ちをもった」「この経験を通して，できることが増えた」「高等部での実習も大丈夫（緊張しない）と思う。交流活動が終わったので，これからは家での手伝いを頑張りたい」と，生徒たちは自分の気持ちを最後のワークシートに記入していた。

〈前 青森県立青森第二養護学校：髙橋 妹子〉

■本事例の授業評価
「適切な関わり方」という，学習上で評価をすると一面的なものになりやすい「知識及び技能」を「ワークシート」や「いいねカード」といった，表出のための教材を工夫し，他者と自己の「気持ち」を言語等で表せるようにしたことが，生徒の「気持ちの変化」や成長につながっている。本事例の単元最後の振り返りでの生徒の「自己評価」には，生徒たちの成長がよく表れている。

目と体のチームワークを取り入れた バスケットボール指導

～ICTを活用した協調運動のトレーニング～

■1　実践の概要

　高等部3年生の保健体育でICTを活用した協調運動のトレーニングを行っている。感覚統合に課題のある生徒の場合，それを補わずに球技やダンスなどの複雑な運動をすることは非常に難しい。そこで，生徒の困難さを改善し，メインである運動に取り組みやすくするための方策として，一斉指導が可能であり，かつ個々の生徒が主体的に取り組むことができる協調運動のトレーニングを授業の導入として取り入れた。

■2　単元の目標

・個々が目標としている，ドリブル，パス，シュートなどの計画的な実践を通して楽しさや感覚を身に付け，計画的に知識と技術を高めることができる。**（知識及び技能）**

・オフボール時の動きやタイミングの合わせ方を合理的に判断し，味方や敵の動きだけでなく，空間への動きを意識した攻防を考え展開できる。**（思考力，判断力，表現力等）**

・自分の動きや仲間の動きを見て考えたことを主体的にチームで話し合おうとする。また，フェアプレイを大切にしようとする。**（学びに向かう力，人間性等）**

■3　単元について

（1）生徒の実態

　運動することがストレス解消につながっている生徒が多く，半数以上の生徒が運動に積極的に取り組むことができる。

　ゴール型球技は特に関心が高いが，チームプレイは未熟で，ゲーム経験の多い生徒がワンマンプレーで得点を決めてゲームが終了してしまうことが予想される。

　また，コミュニケーションに課題がある生徒も多く，協力することや，うまく話合いを進めることに課題があるため，チームで対話する時間を設け，全員が個々の役割を意識してやり遂げることができるようにする。

　さらに，個々の運動・認知能力に応じて，「チャンピオングループ」と「フレンドリーグループ」に分け，活動する場面を設定する。

（2）単元の設定

　基本的なボール操作（シュート，パス，ドリブル）と仲間と連携した動きで攻防を展開でき，ドリブルが苦手な生徒でもパス＆ランでバスケットボールができるようにすることがねらいである。

　また，勝敗を競う楽しさを味わうことができるように，課題が明確なタスクゲームを取

り入れる。意欲をさらに高めるために，タブレット端末を活用し，自分のフォームを確認する時間の設定，シュート率の記録等，視覚的フィードバックを行う。またオフボール（ボールを持っていない状態）時の動きや，空間への動きをタブレット端末で確認し，話し合う活動を生徒が主体的に取り組めるようにする。

さらに，本単元で身に付けた対話する力と協力する態度を今後のクラスマッチにつなげられるように指導する。

（3）教材・教具の工夫

バスケットボールの授業は，経験している生徒が多く，大まかなルールを理解している。一般的には基礎・基本の強化が技術の向上につながるが，障がいのある生徒は協調運動にも課題があることが多く，基本的な技術を指導する前にビジョントレーニングや協調運動のトレーニングを用いて脳を刺激した後に，ドリブル，パス，シュートなどの基本的な練習に入ることで，取り組みやすい状況をつくる。

課題解決の手立てとして，映像によるフィードバックを行い行動に対する気付きを促し，後半のゲームにおけるチームと個人の目標立てにつなげていきたい。また，目標をホワイトボードにチームごとに記入し，全体で確認してからゲームに取り組むことで，全員が役割を意識してチームプレイができるように指導したい。

写真1　協調運動のトレーニング（COGOT）

写真2　準備運動と体幹トレーニング

４　評価

（1）評価規準

知識・技能	思考・判断・表現	主体的に学習に取り組む態度
・バスケットボールの大まかなルールを理解している。 ・個人技能として，ドリブル，パス，シュートの基本的な動作を身に付けている。 ・フェアプレイを意識している。	・目標に応じた練習をしている。 ・自己や仲間の安全に留意している。 ・オフボール時に得点をねらって空間へ走り込み，声を出して知らせている。 ・ノーマークの状態を理解している。	・練習方法を理解し，考えながら取り組もうとしている。 ・授業に主体的に取り組もうとしている。 ・チームでよく対話し，協力して活動しようとしている。 ・運動の楽しさや喜びを見つけ，多様な楽しみ方や目的や課題を共有しようとしている。

（2）評価方法のポイント

・理解，観察，技能の習得，習得した技能を活用しているか，グループで話合いができているかを行動観察で評価するため，サブ教員は1グループ約8名の様子をチェックリストに記録する。

・個々の発達段階や個性を考慮しつつ，自ら振り返りと，仲間との協働活動の促しのため教員が一緒に話合いに入り確認する。生徒間だけでは言語活動表現が難しい生徒も，教員のサポートを得ながら取り組めるよう工夫し，その場での適切な評価につなげる。

・自己評価とグループ評価を記入させる。

5　単元の指導計画

※協調運動のトレーニングは毎授業行う。

※個々の能力に応じたグループ活動を行う。

時	学習内容	学習活動	評価規準
1	●オリエンテーションを聞く。 ●協調運動のトレーニングをする。 ●レディネスゲームをする。	① 提示で本時の説明・目標を確認する。 ② プロジェクターを使用して行う。 ③ 6チームに分ける。	★練習方法を理解し，考えながら取り組もうとしている。態 ★自己や仲間の安全に留意している。思 ★フェアプレイを意識している。知
2	●個人的な技能を高める練習をする（シュート，パス，ドリブル）。	④ ドリブルの練習をする。 ⑤ ドリブルシュートの練習をする（タブレット端末で確認する）。 ⑥ ジャンプシュートの練習をする（タブレット端末で確認する）。 ⑦ パスの練習をする。	★目標に応じた練習をしている。思 ★授業に主体的に取り組もうとしている。態
3〜5	●個人的な技能を高める練習をする（シュート，パス，ドリブル）。 ●2対1の攻防をする。 ●3対2の攻防をする。	⑧ ツーメンパスをする。 ⑨ アウトナンバー（ディフェンスよりオフェンスの人数が多い状態）での練習をする。ディフェンスの動きを決め，ノーマークの状態を理解する（タブレット端末で確認する）。	★個人技能として，ドリブル，パス，シュートの基本的な動作を理解し，身に付けている。知 〔チャンピオングループ〕 ★課題に応じた練習方法を選択している。思 ★オフボール時に空間に走り込み，声を出して知らせている。思 〔フレンドリーグループ〕 ★授業に主体的に取り組もうとしている。態 ★ノーマークの状態が分かっている。思
6〜9	●4対3の攻防をする。 ●5対5の攻防をする。	⑩ アウトナンバーでの練習をする（タブレット端末を用いて確認）。 ⑪ ゲームを行う。	★仲間の動きを見てよりよい方法を考え，話合いに積極的に参加しようとしている。態

		★フェアプレイを意識している。知
		〔チャンピオングループ〕
		★オフボール時に得点をねらってノーマークになる空間に走り込み，声を出して知らせている。思
		〔フレンドリーグループ〕
		★ノーマーク時には味方に知らせ，積極的に攻防に参加している。思

6 本時の展開〔第6時〕

（1）本時の目標

・協調運動のトレーニングを通して目と手の協応をスムーズに行うことができる。

・仲間の動作や，自分の動作をタブレット端末で見て考え，確認し，主体的に改善することができる。

・課題を発見し，チームで話し合い，協力してゲームに取り組もうとする。

（2）本時の展開

学習活動	指導上の留意点	評価規準
導入（15分）		
① 集合，挨拶，健康観察をする。出欠の報告をする。 ② 本時の目標と学習内容の確認をする。 ③ 準備運動，協調運動のトレーニングをする。	・出欠確認，健康観察及びけが予防の言葉かけをする。 ・プロジェクターで提示し，視覚的に分かりやすくする。 ・音楽に合わせたストレッチとプロジェクターを使用した協調運動のトレーニングを教員も一緒に行う。	★本時の目標と内容が確認できている。知（様子） ★トレーニングに積極的に取り組めている。態（様子）
展開（25分）		
④ 基本的なボール操作からのシュート練習をする。 ⑤ アウトナンバーでの練習をする。 ⑥ ゲームに向けた話合いと目標の記入をする。 ⑦ ゲームをする。	・1グループを8名程度に分け，サブ教員がタブレット端末で撮影し，伸ばしたい面と課題をすぐに生徒にフィードバックする。 ・手本で1人が必ずノーマークになる状態を確認させ，味方を意識するよう促す。 ・チームの今日の目標を話し合い，目標と話した内容をホワイトボードに記入させ，共通理解を図る。 ・個々の発達の状況に応じてバイオレーション（反則）などは審判の裁量とし，シュートに関わるファウルは通常どおり取るが，それ以外のところではゲームの進行を妨げない程度とする。	★チャレンジしている。思（表情） ★仲間の動きを観察している。思（様子） ★考えて発言している。思（発言） ★話合いに参加している。態（発言，ホワイトボードへの記述）
まとめ（10分）		
⑧ 学習の振り返りをする。目標に対する評価をチームで話して記入する。	・チャレンジしたか，できるようになったか，諦めなかったか，仲間と話し合ったか，フェアプレイだったかなどを振り返	★自己評価とチーム評価ができている。態（ワーク

	り，全体で共有する。	シート）
⑨ 整理運動，けがの有無を報告する。	・体調，けがの有無を確認し，報告するよう促す。	
⑩ 挨拶をする。	・次回の予定を伝える。	

７ 生徒の学びの姿

　保健体育は，「いろいろな運動を経験することにより，ルールを大切にし，主体的に取組む力を身につける」を第一目標に各学年３単位を設定している。また，全ての教科，自立活動を含む領域において，個々の生徒が障がいによる学習上，生活上の困難を主体的・対話的に改善・克服する目的で，教育活動全てに短焦点プロジェクターやタブレット端末等のICT機器を積極的に取り入れ全校的に取り組んでいる。

　知的障がいや発達障がいのある生徒の実態として，認知のゆがみや感覚統合に課題があることが多いため，運動をスムーズに行う目的で準備運動に協調運動を取り入れ，その後の主題となる運動に全ての生徒が主体的に活動できることを目指した。

　導入では，身体的注意力と協調運動のトレーニングとして「コグトレ」（認知機能強化トレーニング），シナプソロジー（認知機能の低下を予防するプログラム），ビジョントレーニング（視覚機能を高めるトレーニング）などに取り組んだが，本時においては，コグトレを取り入れた。コグトレは認知機能の弱さと身体的不器用さの二つを同時にトレーニングでき，生徒の反応も非常によかった。方法は，スクリーンに映し出された絵，数字，色を見分け，決められたルールに則り「走る」「跳ぶ」「歩く」「止まる」の指示を瞬時に判断して行動する。回数を重ねるごとに複数の指示を組み合わせ，難易度を上げていった。結果，生徒は楽しみながら取り組み，注意力や集中力の向上とウォームアップにつながった。

　目と体のチームワークが取れたら，本題材のバスケットボールの練習に入る。サブ教員はタブレット端末を用い生徒の練習の様子を撮影し，その場で相互に確認し助言や指導を行う。また，ゲーム開始前にはチームで目標を話し合いホワイトボードに記入させるなど，仲間との対話や個々の役割の明確化を工夫した。振り返りの場面では，バスケットボールのスキルの高い生徒だけでなく，チャレンジしていた，よく観察できていた，主体的に参加していた，話し合うことができていたなど生徒ががんばったことを評価し，全体で共有できるようにした。

　授業全体を通し，協調運動は生徒の体と脳のウォームアップになっただけ

写真３　目標と話した内容を記入し，評価する

でなく，気持ちの準備運動にもなり，初めての練習にも積極的に取り組むことができた。また，タブレット端末を活用した助言・指導により個々の課題や役割に応じた細やかな指導が展開できた。ICT機器の活用は，視覚的・聴覚的・感覚的に効果を発揮し，学習効果が上がる結果となった。しかし，確認させたい重要事項はホワイトボードを活用するなど生徒の障がい特性に応じた支援も必要であった。今後も生徒の主体的・対話的で深い学びのある安全・安心な保健体育の授業づくりを考えていきたい。

〈大阪府立すながわ高等支援学校：吉本 早織〉

■**本事例の授業評価**

「ICTを活用した協調運動のトレーニング」というと，一見，いわゆる不器用さを解消し，技能を向上させるための指導と思われるかもしれないが，本事例でも述べられているように，注意力や集中力を高めたり，これから取り組む運動のウォーミングアップにつながったりする重要な取組であることが分かる事例である。また，ICTを活用し，自分の運動を視覚的にフィードバックすることも効果的に作用している。

学ぶ面白さに迫る国語・算数の授業実践
～月曜日はなにたべる？　なのかでいっしゅうかん～

1　実践の概要

　小学部1年生の児童を対象に，絵本『月ようびはなにたべる？』（エリック・カール絵，もりひさし訳，偕成社，1994年）の展開に合わせ，国語科・算数科における個別の目標達成を目指し，取り組んだ。「主体的・対話的で深い学び」の視点で授業改善を行いながら，授業を積み重ねた結果，当該授業外の場面で，授業で学んだ知識と朝の会で学んだ知識を関連付け，学びを深め，生活場面で活用できるようになった。また，知識の深まりだけでなく，余暇や人間関係の広がりにも変化が見られた。

2　単元の目標

・活動に登場する名詞や擬音語が示す物やイメージを知ることができる。（国語）
・活動を通して，登場する数詞や数量の変化，形の違い，曜日の移り変わりに気付くことができる。（算数）

（知識及び技能）

・活動に登場する名詞や擬音語が分かり，教員の働きかけに言葉や動作で応答することができる。（国語）
・活動に登場する数詞や数量の変化に気付き，数えたり，指で表現したりすることができる。（算数）
・形の同一性や違いに気付き，かごに正しく分類することができる。（算数）

（思考力，判断力，表現力等）

・展開を見通して，覚えた名詞や擬音語を自ら言葉や動作で伝えようとする。（国語）
・数詞や数量の変化，形の違いに関心をもち，進んで数えたり，操作したりしようとする。（算数）

（学びに向かう力，人間性等）

3　単元について

（1）児童の実態

　本学級は，小学部1年生の6名の学級であり，自閉症スペクトラム及びその疑いのある児童，難聴の児童，精神発達遅滞と診断されている児童が在籍している。
　言語理解面では，どの児童も簡単な指示を言葉や状況から判断して行動できる。
　表出面では，質問に対し，経験や思いを単語や手話を含めた1・2語文で表現することができる児童が5名，指差しや手引きで伝えることができる児童が1名いる。教員との簡

単なやり取りができる児童が多いが，言語発達と運動発達に偏りがあり，身体の使い方や力加減の調整が難しい児童もいる。

　情緒面では，聴覚刺激や，配置・順番等の変化に不安定になる児童がいるが，授業中は比較的安定している。

　これまでの取組を通して，G児は，物に名前があることへの気付きが見られる。H児は，身の回りにある文字や数に関心をもち，読もうとしたり，尋ねたりする様子が見られつつある。しかし，理解できる言葉や日付，曜日等の概念が限られているため，状況の変化に見通しがもてなかったり，思いを上手に表現することができなかったりして不安定になることもある。そのため，学習を通して，理解できる言葉や概念の獲得を目指した。

（2）単元の設定

　東京都では，国語科・算数科を「国語・算数」という授業名で実施している学校が多く，本校も「国語・算数」の授業として取り扱っている。本校では，小学部1年生は学級集団で学習し，小学部2年生からはアセスメント結果や障害特性等の実態から，課題別グループに分かれて学習している。

　本単元では，「絵本の読み聞かせや手遊び等を通して，色々な言葉に触れ，登場する名詞，擬音語の一部または全部が知り，分かったことを身振りや言葉で伝えようとする力（国語）」「身の回りのものの数的要素に注目して，数を用いて表現したり，身の回りのものの形に注目して，同一性や違いを判断したりする力（算数）」の育成を目指した。

　本単元で使用した絵本『月ようびはなにたべる？』は，読み聞かせに対応した曲や繰り返しのフレーズがあり，児童にとって分かりやすく親しみやすい。第1学年であるため，まず，学級児童の興味・関心の高い，曲に合わせた活動や身体を動かす活動を積極的に行い，「人と関わり学ぶ心地よさ」や「物と関わり学ぶことの面白さ」を感じながら，個別の実態に合わせた国語・算数の目標が達成できるように計画した。

（3）教材・教具の工夫

　それぞれの活動に対してテーマとなる曲や教材教具（絵本，めくり式カード）を用意することによって，児童が曲や教材・教具を手掛かりに，活動に見通しをもち，進んで活動に参加できるようにした。

写真1　めくり式カード・スライド

写真2　マッチング・分類カード

物には名前があり，言語や文字，イラスト等がシンボル機能を果たすことへの理解や，イメージの世界を広げるため，『月ようびはなにたべる？』の読み聞かせや手遊び「やさいの歌」「ハンバーグ」では，文字，イラスト，写真等で登場する物を示しためくり式カードを使用し，手遊び「回転ずし」ではタブレット端末を使用した。例えば，「やさいの歌」で使用しためくり式カードでは，野菜は1ページに「切る前の物」「包丁で切った物」「調理された物」「文字」を載せている。

待ち時間を減らし，活動時間をしっかり確保しながらも，6名各々の実態に合わせた目標達成ができるように，水曜日の活動「カードのマッチング・分類」では，カードの枚数やカードに示す手掛かりを，文字，イラスト，写真と個別化した。学習状況によって，枚数を増やしたり，手掛かりを増やしたりして微調整を行い，発展させた。

予定の確認や次の活動の予告，手遊び「回転ずし」，表現遊び「いっしゅうかんのうた」では，意欲的に活動に参加できるように，児童の興味・関心の高い，タブレット端末を積極的に活用した。

４ 評価

（１）評価規準

知識・技能	思考・判断・表現	主体的に学習に取り組む態度
・読み聞かせや手遊びに目や耳を傾け，名詞や擬音語を音声や動作で模倣している。（国語） ・形の同一性や違いに気付き行動している。（算数） ・数量の変化，曜日の移り変わりに気付き，カードや教員の身振りに注目している。（算数）	・登場する名詞や擬音語が分かり，教員の問いに応え，言葉や動作で表現している。（国語） ・カードの同一性や違いに気付き，正しく分類している。（算数） ・数量の変化，曜日の移り変わりに気付き，教員の身振りを模倣している。（算数）	・活動に見通しをもち，登場する名詞や擬音語の一部または全部を言葉や動作で自ら表現しようとしている。（国語） ・数詞や数量，曜日の移り変わりに関心をもち，自ら関わろうとしている。（算数）

（２）評価方法のポイント

・実態，目標の異なる集団であるため，同じ活動の中でも，教員の問いや促し，教材・教具を個別化し，児童の行動や発言等の観察により，目標を達成できているかどうか，学習状況の評価をした。また，表情，ハイタッチ，端的な言葉やサイン等で即時に評価を行った。

・一授業一改善を行った。一次が終わった時点で「◎ほぼ確実にできた・達成できた」「△芽生えがみられた・少しできた」「×できなかった」の3段階に分けて評価し，△，×の場合には，目標の妥当性や目標，指導内容，手立て等，指導の見直しを行った。

・授業後，使用した教材・教具を休み時間にも使用できるように教室に置いた。「授業で行ったことを伝えたり，一緒に眺めたりする」ことを宿題として，授業で使用したカードと同じものを印刷して家庭に持ち帰り，他場面でも授業の振り返りができるようにし

た。休み時間の観察や家庭での様子から，授業後，児童がどのように振り返るか経過を観察した。

5　単元の指導計画

時	学習内容	学習活動	評価規準
1〜3	●名詞・擬音語 ●数詞・数量 ●マッチング・分類 ●曜日概念 ●身振り・動作・音声模倣 〔絵本の読み聞かせ〕 ・『月ようびはなにたべる？』 ・『ねこさんスパゲッティ』 （夏目尚吾作・絵，ひさかたチャイルド，2015年） 〔手遊び〕 ・「回転ずし」 ・「ハンバーグ」 〔表現遊び〕 ・「やさいの歌」 ・「なのかで一週間」	①　読み聞かせに注目し，教員の問いや促しに，言葉，音声，身振り，動作で応答したりする。 ②　絵本に注目し，教員の問いや促しに応えて，イラストを数えたり，指差したりする。 ③　手遊びや遊び歌に合わせて，歌詞に応じた動きを身振りや動作で表現する。 ④　手遊びや遊び歌の歌詞に応じたスライドやめくり式カードを見て，イラストや写真と，名詞や文字のつながりを知る。 ⑤　曲が流れる間，かごが置かれた机の周りを回り，合図に気付いて配布された複数のカードの同一性や違いに気付き，分類する。	★国語：読み聞かせや手遊びに目や耳を傾け，名詞や擬音語を音声や動作で模倣している。知 ★算数：形の同一性や違いに気付き行動している。知
4〜8			★国語：登場する名詞や擬音語が分かり，教員の問いに応え，言葉や動作で表現している。思 ★算数：カードの同一性や違いに気付き，正しく分類している。思
9〜11			★算数：数量の変化，曜日の移り変わりに気付き，カードや教員の身振りに注目している。知 ★算数：数量の変化，曜日の移り変わりに気付き，教員の身振りを模倣している。思
11〜15			★国語：活動に見通しをもち，登場する名詞や擬音語の一部または全部を言葉や動作で自ら表現しようとしている。態 ★算数：数詞や数量，曜日の移り変わりに関心をもち，自ら関わろうとしている。態

6　本時の展開〔第8時〕

（1）本時の目標

・登場する名詞や擬音語の一部または全てが分かり，教員の問いに応え，言葉や動作で表現できる。

・カードの同一性や違いに気付き，正しく分類することができる。

（2）本時の展開

学習活動	指導上の留意点	評価規準
導入（5分）　絵本『月ようびはなにたべる？』読み聞かせ		
①　絵本の読み聞かせ	・曲に合わせて，めくり式カードをめく	★国語：登場する名

・『月ようびはなにたべる？』	る。「おなか」「食べる」等の言葉について身振り手本を見せ，模倣を促す。	詞や擬音語が分かり，言葉や動作で表現している。思（発言・発声，動作）

展開（30分）　曜日の展開に合わせて活動する。		
② 月曜日の活動 ・表現「やさいのうた」	・1回目は着席して行い，曲に合わせてスライドを送りながら模倣を促す。2回目は起立して，動きや言葉で表現する機会を設定する。	★国語：登場する名詞や擬音語が分かり，教員の問いに応え，言葉や動作で表現している。思（発言・発声，動作）
③ 火曜日の活動 ・読み聞かせ，指示理解 ・『ねこさんスパゲッティ』	・実態に合わせたやり取り場面を設定し，児童が言葉や身振り等で応答したら絵本が展開するようにする。	
④ 水曜日の活動 ・分類・マッチングゲーム	・同時に活動することで，友達の動きの変化（机の周りを歩く→分類する）を意識できるようにする。配るカードの枚数や手掛かりは実態に合わせる。	★算数：カードの同一性や違いに気付き，正しく分類している。思（行動）
⑤ 木曜日の活動 ・手遊び「ハンバーグ」	・登場する擬音語を動作化し，模倣を促す。	
⑥ 金曜日の活動 ・手遊び「回転ずし」	・展開に合わせてスライドを送る。手遊びの指の本数を少しずつ増やし，数を意識できるようにする。	

まとめ（10分）　曜日の流れを動画と表現活動で振り返る。		
⑦ 終末の活動 ・動画・表現 ・「なのかでいっしゅうかん」	・動画で曜日の流れを確認してから，手話と動作で曲に合わせて表現する活動を行う。	★国語：登場する名詞や擬音語が分かり，教員の問いに応え，言葉や動作で表現している。思（発言・発声，動作）

7　児童の学びの姿

　授業を積み重ねると，教員が個別に注目を促さなくても，児童が進んで動作を模倣したり，展開を予測して発言したり，覚えた歌詞の一部を口ずさんだりする様子が見られるようになった。

　物に名前があることへの気付きが見られたG児は，授業を通して理解できる言葉が増えた。単元開始前は，教員が尋ねて指差すことができる物は，好きなキャラクターや身の回りの道具等であったが，教員が「やさいの歌」で登場したいくつかの野菜の名前を尋ねると，複数のカードの中から選択して取ることができるようになった。日常生活においても音声言語のみの指示を理解し，行動できることが増えた。休み時間は，回転式の椅子，歌絵本等の感覚的な遊びが多かったが，授業で使用しためくり式カードをめくって過ごす様子も見られるようになった。

　1学期の学習を通して，身の回りにある文字や数に関心をもち，読もうとしたり，尋ねたりする様子が見られつつあったH児は，当初から積極的にいろいろな名称を覚えよ

うとしたり，手遊びなどに合わせて動作や身振りで表現したりして楽しみながら学ぶ姿が見られた。授業が進むと，休み時間に『月ようびはなにたべる？』のめくり式カードを手に取る機会が増え，授業中や休み時間にめくり式カードと日常生活の指導で使用している曜日カードを見比べる様子が見られるようになった。ある休み時間，曜日カードとめくり式カードを指で確認する様子が見られた。その後，日常生活でカ

写真3　休み時間に学びを深める児童の姿

レンダーを活用する発言が増えた。また，めくり式カードを友達と共有して眺める姿も見られた。

　このような児童の学びの姿から，児童の興味・関心に合わせた児童主体の学びの重要性と，学びを授業内だけに完結させるのではなく，他の授業や休み時間，家庭生活と関連できるよう意図的・計画的に授業計画を立てることで，授業で習得した知識や技能を活用して，考えたり，判断したり，表現したりする場面が増えていくことを実感した。

〈東京都立高島特別支援学校：**加嶋 みずほ**〉

■**本事例の授業評価**

本事例は，「国語・算数」での取組ではあるが，同時に「朝の会」「休み時間」といった授業以外の場面でも，自分から繰り返し取り組めるよう教材の工夫を行っている。自ら何度も繰り返し学ぶ児童の姿が見られるが，これは，単に教材を用意したから児童が意欲的に取り組んだのではない。児童の実態を把握し，児童が自分から「やってみよう」と思える適切な課題を設定することが重要なのである。そこに「指導と評価の一体化」の意義がある。

自分の気持ちに気付き，適切に表現するための取組
～「気持ちを伝えよう」　勝敗のあるゲームを通して～

1　実践の概要

　本単元は，小学部2年の自立活動において，自分の気持ちを適切な言葉で伝える力の育成をねらった取組である。カルタや椅子取りゲームなどの体験的な活動を取り入れ，勝敗が決まった直後に児童が感じた思いや理由を丁寧に聞き取り，そのときの感情を表す言葉の理解を促した。感情を言語化し的確に表現する中で，自分の気持ちに気付き，適切に表現しようとする力が育まれた。

2　単元の目標

・気持ちを表す言葉を理解し，適切な言葉を遣って相手に伝えることができる。**（コミュニケーション（3）言語の形成と活用に関すること）**

・自分の気持ちに近い表情イラストを選び，選んだ理由を伝えることができる。**（心理的な安定（1）情緒の安定に関すること）**

・自分の気持ちを進んで伝えようとする。**（心理的な安定（3）障害による学習上又は生活上の困難を改善・克服する意欲に関すること）**

・負けても我慢したり，気持ちを切り替えたりして適切な気持ちの表現の仕方を身に付ける。**（心理的な安定（1）情緒の安定に関すること）**

3　単元について

（1）児童の実態

　本グループは，小学部2年生5名（男子3名，女子2名）で構成されており，在籍する学級は違うが週2回の自立活動の時間に一緒に学習している。自閉的な傾向を併せ有する児童もおり，それぞれの個別の教育支援計画の目標にはコミュニケーション能力の向上が挙げられている。

　本グループの児童は，学習の流れを示して繰り返し学習の機会を設けることにより，落ち着いて学習に取り組んでいる。教員からの視覚的支援を添えた指示や説明を聞き，それに応じた行動をしたり，簡単な言葉やカードで自分の要求を教員に伝えたりすることができる。

　一方，感情が未分化で自分の気持ちに気が付いたり注意を向けたりすることが難しく，自分の感情と気持ちを表す言葉との結び付きも不明瞭と思われ，学校生活や家庭生活の中で自分の気持ちを言葉で表現することが少ない。嬉しさや楽しさを素直に表現できるが，困ったことがあるときや思いどおりにならないときに泣いたり暴れたり，黙ってふさぎ込

んでしまったりすることで気持ちを表現している様子が見られる。

　例えば I 児は，好きなアニメの場面を空想していることが多く，自分から人に話しかけたり，自分の気持ちを言葉で表したりすることが少ない。困った状況になったときには大人に助けを求めることができず，不適切な行動に及ぶ傾向がある。J 児は，慣れた場面でなら自分の要求を言葉で伝えることができるが，不安な場面では動かなくなり，気持ちを切り替えることが難しい。

　このように，児童は自分の感情の理解や困ったときの表現方法などに課題があり，周囲の友達の気持ちまでは意識できず，普段は教員が友達との間に入って友達の様子や気持ちを伝えている。一方で，イラストや文字などの視覚的な情報を得ることや活動を粘り強く繰り返すことができること，教員との信頼関係を基に授業の中の設定場面でなら自分の要求を言葉で伝えることができる強みがあり，これを生かすことで，自分の気持ちに気付き，表現することができると考えている。

（2）単元の設定

　児童が自分の気持ちや意思を言葉で表現し，適切な表現の仕方を身に付けるためには，まず，自分の気持ちや気持ちを表す言葉を理解しなければならないと考えた。それには「勝って嬉しい」「負けて悲しい」「残念」「悔しい」という生き生きとした感情が生起する勝敗のある体験的なゲームを学習に取り入れ，自分自身に向き合い，気持ちを確認して言葉で伝える経験を繰り返す必要があると考えた。

　安心して伝えることができるように，気持ちを伝えたときには褒めることや，理由を尋ねて気持ちの意味を理解することを大切にした。さらに，小集団内で友達を意識してどう行動するのがよいか考えたり，友達にも自分と同じような感情があることに気付いたりするなど，社会性の基盤となる力の育成をねらった。

（3）教材・教具の工夫

　カルタは，「スリーヒントカルタ」と「きもちカルタ」の２種類を用いた。語彙力，理解力，集中力などに実態差があるため，「スリーヒントカルタ」は３セット準備してカルタを取ることができる機会を保障した。

　一札読むごとにワークシートで気持ちを確認する場面を設定した。ワークシートには「嬉しい」「残念」「悲しい」「悔しい」「どきどき」の五つの気持ちを表した表情イラストと文字，気持ちを切り替える言葉として「つぎがんばろう」を示した。教員が児童に気持ちを尋ね，児童が自分の気持ちに合うイラストを選択した。そして，理由を丁寧に聞き取り，児童の発言をメモした。

　「きもちカルタ」は児童が自分の気持ちと気持ちの言葉の結び付きをより明確にしたり，いろいろな気持ち

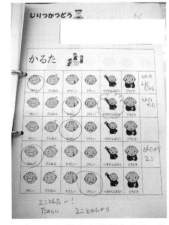

写真１　気持ちを確認するワークシート

があることを理解したりするために単元の途中から導入した。全員が取れるように5セット準備し、「プレゼントをもらったときはどんな気持ち？」などと問いかけて気持ちを表す札を選ぶようにした。

写真2　「いいね！シール」

　また、ゲーム中の好ましい行動に対して、視覚的にも分かりやすい「いいね！シール」で称賛した。カルタが取れなくても参加し続けられるように励ましたり、勝敗だけでなく、我慢して気持ちを切り替えることに対する意欲を高めたりしたいと考えた。

4　評価

（1）評価の観点

・勝敗のあるゲームのルールを理解している。

・「きもちカルタ」で気持ちを表す適切な言葉の札を取っている。

・ゲームで勝敗が決まった直後に、自分の気持ちに合った表情イラストを選んでいる。

・自分が感じた気持ちの理由を教員に伝えている。

・自分から、自分の気持ちや理由を伝えようとしている。

・気持ちを切り替えて最後までゲームに参加しようとしている。

・友達の様子を見たり、一緒に取り組んだりしようとしている。

（2）評価方法のポイント

・単元の目標、1校時の目標、個々の目標を明確に設定した。児童を行動観察した様子について教員間でたびたび共有し、個々の評価を大切にするよう努めた。

・「知識・技能」に関連することについては、気持ちを表す言葉を表情イラストと文字で示した「きもちカルタ」で様々な状況の際の気持ちを尋ねて、札を探しながら教員と一緒に気持ちを表す言葉の理解を確認した。

・「思考・判断・表現」「主体的に学習に取り組む態度」に関連することについては、ワークシートに気持ちを表す言葉を表情イラストと文字で示して、自分の気持ちを自分で選択できるように示した。さらに、児童が気持ちの理由を話したことを教員が記録したりして、児童が自分で感じた気持ちをどのように捉え、表現しているのかを詳細に観察した。

・教員が児童一人一人に気持ちを尋ねるようにし、伝えたことや伝えようとしていたことを認めるようにした。また、よい行動は全体で取り上げて「いいね！シール」で見て分かるよう提示し、自己評価や他者評価の視点も取り入れた。

5 単元の指導計画

時	学習内容	学習活動	評価
1 〜 3	●勝敗のあるゲーム（カルタ遊び，椅子取りゲーム）をしよう。	① スリーヒントカルタ ② 椅子取りゲーム ③ 振り返り	★カルタ遊びや椅子取りゲームのルールや勝敗について理解して遊んでいる。
4 〜 8	●勝敗のあるゲーム（カルタ遊び，椅子取りゲーム）を通して自分の気持ちを伝えよう。	① スリーヒントカルタ ② 椅子取りゲーム ③ 振り返り	★自分の気持ちに合った表情イラストを選んでいる。 ★自分が感じた気持ちの理由を教員に伝えている。
9 〜 16	●勝敗のあるゲーム（カルタ遊び，椅子取りゲーム）を通して自分の気持ちを伝えよう。 ●「きもちカルタ」でいろいろな気持ちについて考えよう。	① スリーヒントカルタ ② 椅子取りゲーム ③ きもちカルタ ④ 振り返り	★自分の気持ちに合った表情イラストを選んでいる。 ★自分が感じた気持ちの理由を教員に伝えている。 ★「きもちカルタ」で気持ちを表す適切な言葉の札を取っている。 ★授業全体を振り返って気持ちを伝えている。

6 本時の展開〔第8時〕

（1）本時の目標

・自分の気持ちを表す言葉（表情イラスト付）を選び，選んだ理由を側にいる教員に伝えることができる。

・ルールを守ってゲームに参加し，負けたときでも気持ちを切り替えて最後まで活動に参加することができる。

・本時の活動を振り返り，頑張ったことやその理由をそれぞれの方法で振り返りシートに記入することができる。

（2）本時の展開

学習活動	指導上の留意点	評価
導入（5分）　本時の学習内容を確認する。		
① 学習内容の確認	・見通しをもって活動に参加できるように本時の活動をホワイトボードに書いて示す。	
展開（30分）　勝敗のあるゲームを行い，自分の気持ちを伝える。		
② スリーヒントカルタ ・椅子，机の準備 ・ルールの確認 ・カルタ取り ③ 椅子取りゲーム ・椅子の準備 ・ルールの確認	・活動ごとに，必ずルール（約束）の確認をする。 ・自分で気持ちに合うイラストを選んで伝えることができるように，選択肢を提示しながら，「今どんな気持ち？」と一人一人に尋ねる。 ・気持ちを表現したときに，その理由についても尋ねる。 ・勝ち負けのみにこだわらないように，	★カードが取れたときや取れなかったとき，椅子に座れたときや座れなかったときの気持ちを言っている。（発言） ★最後までカードを探している。（行

	ルールが守れたとき，自分の気持ちを言葉で言えたとき，カードが取れなくても気持ちを切り替えられたときなどのよい行動を「いいね！シール」を渡して称賛する。 ・手が重なったとき，同じ椅子に座ったときは，どちらが速かったかを教員が判断する。	動） ★負けたときでも，最後まで活動に参加している。（行動）
まとめ（10分）　本時の活動を振り返る。		
④　振り返り ・ワークシートの記入 ・発表	・一人一人の気持ちを確認しながら，ワークシートを書くように促す。 ・書字が苦手な児童には，気持ちや理由を聞き取り，なぞり書きができるように教員が書く。 ・ワークシートを読みながら発表するように促す。	★本時に頑張った活動を選んでいる。（ワークシート） ★頑張った活動のときの気持ちや理由を選んだり書いたりしている。（発言，ワークシート） ★発表している。（発言，発表の様子）

7　児童の学びの姿

　札を一回読むごとに教員と一緒に気持ちを確認し，言語化する経験を繰り返したことで，次第に自分の気持ちに合う表情イラストを選ぶようになった。気持ちの理由を聞き取る際に，教員が児童の気持ちに共感しながら言葉を補って丁寧に聞き取り，全体の前で褒めるようにしたことで，「札が取れなくて悲しかったけど，○○ちゃんが札を（譲って）くれたから嬉しかった」と，自分の言葉で話そうとする姿も見られるようになった。

写真3　授業の様子

　椅子取りゲームは，カルタよりも勝敗が明確に分かり，感情も高まりやすい。しかし，負けても我慢することを「いいね！シール」で称賛されることが分かってくると，気持ちを切り替えられるようになった。このように「いいね！シール」で褒められることで最後まで活動に参加する姿が見られ，札が取れなくても我慢したことを「札が取れなくて悲しいけど，『いいね！』がもらえて嬉しかった」と伝える児童もいた。児童全体に「いいね！シール」を表にして提示したところ，友達が褒められている様子を見て，その行動をまねて，札が取れない友達に「頑張って」と応援するなど，児童同士が互いに学び合っている様子が見られた。

　授業終盤の振り返り場面では，初めは，勝って嬉しかったことを発表していたが，カルタの札が取れなくて悔しかったことや，椅子に座れたときは楽しいけれど，座れなかったときは悲しかったなどと，次第に様々な気持ちを伝えるようになった。

このようにして，児童が教員と一緒に自分の感情を見つめるという内面的な対話や思考を繰り返すとともに，言葉で伝えることで共感が得られるという心地よさを味わうことで自分の気持ちに気付き，表現しようとする姿が見られるようになった。

　児童がゲーム中の行動を決める際には友達の行動を見たり，教員からの評価を参考にしたりしながら，なりたい自分に近づこうと判断し，我慢したり，友達を応援したりしたのではないかと考える。今後も気持ちを伝えようとする児童の思いを認め，大切にしながら，日常生活の中でも表現し，適切に伝えられるように指導・支援を継続していきたいと考えている。

〈富山県立高岡支援学校：山田 絵里香〉

■**本事例の授業評価**
本事例では，ゲームを通して，感情の表出や感情の調整といった「社会性の基礎」となる力を身に付けることを目指している。感情を何らかの形で「言語化」することは，「表出」するためにはもちろんであるが，「調整」するためにも非常に重要である。「学びの姿」では，友達を励ますような場面も見られるようになっている。今後は，児童が互いに「評価」するような場面を設定することも必要である。

児童の考える姿を引き出す生活単元学習の授業づくり
～みずみずランドであそぼう～

1　実践の概要

　本校では，研究のテーマを「自ら考える人を目指した授業づくり」とし，小学部では生活単元学習を窓口にして研究に取り組んでいる。

　本実践は，水遊びに夢中になる中で，友達や教員など身近な人と関わりながら活動する姿をねらいたいと考え取り組んだ単元である。さらに，児童の好きな水遊びという題材だからこそ，自分の好きな遊びを選んだり，遊びを工夫したりする姿を引き出すこともできると考えた。

　思考，判断，表現する姿については，「自分のやりたい遊びや遊び方を選ぶ」「友達や教員を誘う」等，個々の児童の実態に合わせて具体化した。また，児童主体で遊びが展開するよう，活動計画と児童の思考の流れが合致しているかを確認し，計画の変更を想定して活動を行った。その結果，児童の思考に沿った展開となり，児童の発想が生かされ，本校の研究テーマである「自ら考える」姿が見られた単元である。

2　単元の目標

・様々な遊び（いかだ，水路，トンネル，魚釣り，船など）の遊び方が分かり，自分から取り組むことができる。**（知識及び技能）**

・友達や教員を誘う，誘いを受け入れる，まねるなどして一緒に遊ぶことができる。**（思考力，判断力，表現力等）**

・様々な遊び道具や遊び方から自分のやりたいものを選んで遊ぶことができる。**（思考力，判断力，表現力等）**

・水を使った遊びに興味をもち，好きな遊びを見つけて繰り返し遊ぼうとする。**（学びに向かう力，人間性等）**

3　単元について

（1）児童の実態

　本集団は24名の集団である。

　日常生活の中では，教員や友達など身近な人に興味をもち，関わりが見られるようになってきている。自分から声をかける，興味をもって友達や教員に近づく，様子を見るなどの姿が見られる。一方で，関わりたい気持ちが強いあまり，一方的に相手に要求したり，相手を引っ張ったりするなどの関わり方も見られる。また，集団での活動に自分から参加することが難しい児童もいるが，繰り返し取り組んで場に慣れれば，参加できることもあ

る。

　新しい活動に対しては，興味をもち自分から取り組むことができる児童もいれば，初め
ての活動には不安がある児童まで，実態は様々である。

　好きな遊びにより楽しく取り組むために，教員の提案した遊び方を受け入れたり，友達
の遊び方をまねて遊んだりする姿も見られるようになってきた。

　以下の2名の児童の実態を例に挙げ，紹介する。

・K児：簡単な約束やルールを守って活動に取り組む。教員や友達を誘って遊ぶことが
　　　　あるが，一方的な関わりになりやすい。困ったことがあると，途中で遊びをや
　　　　めてしまうこともある。

・L児：興味のある遊びには自分から取り組む。一つの遊びで遊び込むことが多い。初め
　　　　ての活動では，遊び場の外から様子を見ていることが多い。

（2）単元の設定

　上記の実態を踏まえ，水遊びを題材に，児童が夢中になって遊ぶ中で，教員や友達など
身近な人と一緒に遊ぶ楽しさやよさを感じ，自分から人と関わったり，関わりを受け入れ
たりしながら活動してほしいと考え，本単元を設定した。水遊びは自由度が高く，個から
集団へと遊びを発展させることができ，一緒に遊ぶ楽しさを感じられる活動である。その
ため，児童の主体的な姿，人と関わる姿を引き出すことができると考えた。

　また，水遊びという児童の意欲がもてる題材だからこそ，遊びや遊びに使う道具を自分
で選ぶ，遊び方を工夫するなど，自分で考えたり判断したりして活動する姿が見られると
考えた。

（3）教材・教具の工夫

　実態，目標を踏まえ，以下のような環境を設定した。

①　水路

　児童の手が届きやすく，目線に合う高さ
に設定した。傾斜を緩やかにすることで，
水路を流れる物がゆっくりと流れるため，
目で追いやすく，掴みやすいようにした。

　5メートル程度の長さの水路にすること
で，友達と横に並んで一緒に見たり，遊ん
だりすることができるようにした。

②　魚釣りコーナー

　水路の先に設定した。

写真1　水路

釣り竿だけでなく，糸の替わりになる棒の先端に磁石を付けた銛状の釣り具を用意する
ことで，実態に応じて釣りやすくした。さらに，一人では釣れない大きな魚を用意するこ
とで，友達と一緒に釣る姿をねらった。

写真2　魚釣りコーナー

写真3　船コーナー

③　船コーナー

牛乳パック，豆腐パックなど様々な材質で作った船を置き，流すコーナーである。材質や大きさを変えることで，どの船が流れやすいかを考えることができる。

さらに，友達と競争できるようレーンを複数用意した。

④　イカいかだ

いかだに乗り，ロープを引っ張る，教員に押してもらうなどして遊ぶことができるいかだである。

写真4　イカいかだ

教員に押してほしいことを依頼したり，友達を誘って一緒に乗ったりする姿が見られるよう，プールやいかだの大きさを工夫した。

⑤　くじらシャワー

ブルーシートを被せたトンネルの中に，散水用の穴開きホースを付けた。

写真5　くじらシャワー

顔に水が掛かることや，大勢の人がいる空間での活動が苦手な児童が活動に取り掛かりやすいように設定した。

⑥　遊び道具

水を汲むための大小のバケツや水鉄砲等の様々な道具，玩具を用意しておくことで，遊びたい気持ちに応えられるようにした。

4 評価

（1）評価規準

知識・技能	思考・判断・表現	主体的に学習に取り組む態度
・それぞれの遊び場での遊び方や簡単なきまりが分かって遊んでいる。 ・バケツや水鉄砲などの遊び道具の使い方が分かって遊んでいる。	・好きな遊びを選んで遊んでいる。 ・一緒に遊びたいことや、やってほしいことを教員や友達に伝えている。 ・友達や教員を誘い、誘いを受け入れて遊んでいる。 ・友達や教員の様子を見て、まねして遊んでいる。	・自分から遊び場に近づき、遊び始めている。 ・自分から集団の中に入って遊んでいる。

（2）評価方法のポイント

・観点別評価については、個々の目標について学年で一覧表を作成し、評価規準を達成するためにどのような支援が必要であるか、評価場面とその日の児童の様子を目標と照らし合わせながら放課後に毎日10分程度話し合う時間を設け、現状を確認していくことで目標達成につなげた。

・個人内評価については、児童一人一人の入学時からの学習の記録が個別に記された個人カードに記述式で記入し、前年度、次年度の評価と合わせて見られるようにした。

・授業中には、児童が遊びを工夫した場面で「○○したから、こうなったね」などと言葉で表現して返したり、意味付けをしたりすることや、一人の教員だけでなく、どのタイミングでどの教員が児童にフィードバックすることがよいかを考え、働きかけをした。そのために複数の教員で児童のあらわれを見取り、共有した。

5 単元の指導計画

時	学習内容	学習活動	評価規準
1〜4	●それぞれの遊び場での遊び方が分かって遊ぶ。 ●好きな遊び場を見つけて遊ぶ。	① それぞれの遊び場で自由に遊ぶ。	★自分から遊び場に向かい、遊び始めている。態 ★それぞれの遊び場での遊び方が分かっている。知
5〜9	●様々な遊び場へ行って遊ぶ。	② 複数の遊び場の中から自分の好きな遊び場を選んで遊ぶ。 ③ 様々な遊び方で遊ぶ。	★新しい遊びに挑戦している。思 ★いろいろな遊び道具を使って遊んでいる。思 ★遊び場での簡単なきまりが分かって遊んでいる。知
10〜16	●教員や友達と一緒に遊ぶ。 ●遊び方や遊び道具を選んで遊ぶ。	④ 友達や教員と一緒にいかだに乗る、魚を釣る、レースをするなどして遊ぶ。	★一緒に遊びたいことややってほしいことを教員や友達に伝えている。思 ★友達や教員を誘い、誘いを受け入れて遊んでいる。思

		★友達や教員の様子を見て、まねして遊んでいる。思

6 本時の展開〔第7時〕

（1）本時の目標

・それぞれの遊び場での簡単なきまりや遊び方が分かって遊ぶことができる。

・教員や友達を誘ったり，誘いを受け入れたりして遊ぶことができる。

・自分から遊び場に向かって遊ぼうとする。

（2）本時の展開

学習活動	指導上の留意点	評価規準
導入（5分） 音楽を聴いたり準備体操をしたりし，遊びが始まることが分かる。		
① 水の中の生き物をテーマにしたダンスを踊る。	・音楽をかけ，遊びが始まることが分かり集合場所に集まる。 ・「今日は何をする？」などと児童の期待感が高まる言葉をかける。	★音楽を聴いて集合場所に向かっている。知（行動） ★楽しみな活動を伝えている。思（発言）
展開（30分） 遊び場へ行き，様々な遊び場で教員や友達と一緒に遊ぶ。		
② 移動して遊ぶ。 ③ 水路に一斉に玩具を流す。（水路タイム）	・教員も児童と同じ立場で思い切り遊んで見せる。 ・児童を誘ったり，近くでやって見せたりして，自分の取り組んでいる遊び以外にも気付けるようにする。 ・児童の自由な発想を生かし，児童の遊びの流れにより展開を変更する。 ・笛で合図をし，教員が一斉に水路に玩具を流すことで水路に注目し，興味をもてるようにする。	★教員や友達のまねをして遊んでいる。思（行動） ★複数の遊び場で遊んでいる。態（行動） ★教員や友達を誘い，誘いを受け入れて遊んでいる。思（行動）
まとめ（5分） 終わりが分かり，片付ける。楽しかったことを教員や友達と共有する。		
④ 終わりの挨拶，片付け。	・笛の合図で児童が自分で終わりに気付き，片付けられるようにする。 ・タオルで体を拭く間や着替えの後など，自然な流れで「今日は何したの？」「誰とやった？」などと今日楽しかったことを共有する。写真カード等も用意しておき，指差しでも伝えられるようにしておく。	★終わりが分かって活動を止めている。知（行動） ★楽しかった活動や，またやりたい活動を伝えている。思（発言，指差し）

7 児童の学びの姿

（1）K児

　初めは一人で好きな遊びに没頭していたが，繰り返し活動する中で友達や教員の遊んでいる様子に気付き，複数の遊び場で遊んだり，教員や友達の遊び方をまねて遊んだりするようになった。これは，好きな遊び場で十分に遊び込む時間があり，気持ちが満たされたからこそ見られた姿だと思われる。

第二次の船コーナーでは「せーの」と合図をして友達と一緒に船を流したり、いかだコーナーでは「○○くん、乗ろう」と誘ったりして遊ぶ姿が見られるようになった。

さらに、遊びの中で水路が壊れて水が漏れ、船コーナーでのレースが滞るハプニングがあった。K児は、困った様子だったが、しばらくすると、バケツで水を汲み、水路に流すことを思い付き、流して遊びを再開すること

写真6　水路に向かって水を流す様子

ができた。困ったことがあると諦めてしまうことも多かったが、これまでの自分の知識、経験から問題解決に向け、行動に移すことがきたと考える。

（2）L児

単元の始めは、遊び場の様子を見ながら遊び場の周りを走って回ることが多かった。教員は、これを場の様子や遊び方を知る期間であると捉え、無理に遊びに誘わず見守るようにした。すると、教員が促さなくても、走り回る中で徐々に遊び場に近づく、水に触れる、トンネルをくぐるなどの姿が見られるようになった。

さらに、教員が水路に近づいたタイミングで遊びに誘い、一緒に玩具を流す遊びを経験すると、自分から玩具を拾って水路に繰り返し流す姿が見られるようになった。さらに、単元の後半には、水路での遊びだけでなく、小プール付近で穴の開いたボウルなどを自分で手に取って遊ぼうとする姿も見られた。これは、水路での遊びの楽しさに気付き、それを他の活動へと広げることができたと考える。

　K児、L児のいずれにおいても、児童の自由で主体的な遊びを尊重し、単元計画が児童の実際の思考の流れに沿っているかを確認し、目標と照らし合わせて計画の変更を想定して活動を行ったことで、思考・判断・表現する姿を引き出し、深い学びにつなげることができた。

〈静岡県立掛川特別支援学校：寺田　遼子〉

■本事例の授業評価

本事例は、遊びを学習活動の中心に据え、児童が期待感や見通しをもって単元の活動に意欲的に取り組み、目的意識や課題意識、課題解決への意欲を育むことを意図した実践である。遊びの指導や生活単元学習等の各教科を合わせた指導では、課題の設定が多岐にわたる場合も多いので、実態把握に基づいてしっかりと課題設定をすると同時に、評価規準に照らして評価できるよう教員間で「評価」のポイントを共有しておくことも重要である。

社会，生活と結び付いた美術の授業
～加工粘土でゆるキャラを作ろう
　札幌高等養護学校ゆるキャラグランプリ～

❶　実践の概要

　この実践は，地域の特産品，名物，名所などをテーマに「ゆるキャラ」をデザインし，加工粘土を着色，モデリングして立体的な作品を制作する題材である。ゆるキャラ作りを通じて社会，生活と結び付く美術の授業を目指している。でき上がった作品を展示し，生徒と教員が投票して，グランプリ作品を選ぶことよって生徒の興味・関心を高め，自他の作品を鑑賞できるようにした。

※「ゆるキャラ®」は，みうらじゅん氏の著作物であるとともに，扶桑社及びみうらじゅん氏の所有する商標である。

❷　単元の目標

・制作の手順や方法を理解し，加工粘土に着色，モデリングして立体的な表現ができる。
　（知識及び技能）

・地域の特産品，名物，名所などをゆるキャラにデザインし，アイデアスケッチを表現できる。また，形のバランスや配色を工夫しながら表現できる。**（思考力，判断力，表現力等）**

・加工粘土の表現やゆるキャラに興味・関心をもち，意欲的に取り組もうとする。また，自他の作品を鑑賞し，ゆるキャラグランプリに投票をしようとする。**（学びに向かう力，人間性等）**

❸　単元について

（1）生徒の実態

　本校は，職業科を設置している特別支援学校（知的障がい）で，本実践時の高等部3年生は，窯業科，木工科，クリーニング科，農業科，家庭総合科の5学科7間口である。美術の授業は2学科合同で展開している。生徒の障がいの実態は，軽度の知的障害があり，発達障害を併せ有する生徒も多く，幅広い実態の生徒が在籍している。本校は寄宿舎を有しており，札幌市以外の居住地の生徒も在籍する。

　美術には，興味・関心のある生徒がいる一方，自分を表現する活動が苦手で，嫌いだという生徒も多い。嫌いだという理由を聞いてみると，「（物を見て）そっくりに描けない」「絵の具がうまく塗れない」などで再現的な表現の難しさや技術的な問題から「絵が下手」であるという意識が強いことが原因である。他者の評価を気にして「絵が下手と言われたので美術は嫌い」という場合もある。また，美術の授業がどのように社会，生活と結び付

いていくのかイメージできず，「美術を勉強してもどうせ生活の役に立たない」と思っている生徒もいる。

　本校の美術の指導計画では，美術に苦手意識がある生徒でも取り組みやすい題材を段階的に取り入れている。入学当初は表現することを嫌がっていた生徒も2年次に入ってからは授業に向かう姿勢が変わり，意欲も高まってきた。生徒の作品を全ての校内に掲示することで作品を大勢の人に見てもらい，褒められる体験が増えることで表現することに自信がもてるようになってきた。

（2）題材の設定

　「ゆるキャラ」は2004年にみうらじゅん氏によってネーミングされ，2010年からグランプリが行われてブームとなった。「くまモン」など誰もが知っているキャラクターも生まれた。現在は，多くの自治体，施設，企業のゆるキャラがあり，特色をアピールする手段として活用されている。ゆるキャラグランプリは，インターネットで投票したり，テレビで取り上げられたりするなど，生徒にとっても分かりやすく，なじみ深いテーマとなっている。

　ゆるキャラは，ユーモラスなフォルム，面白いネーミングなど，他の題材にはない要素が盛り込まれており，美術における技能よりもアイデアが勝負で楽しく制作に取り組める題材である。

　ゆるキャラのアイデアを考えることは，地域の特産物，名産品，名所などを考え，社会科などで学習した知識を活用することであり，求められる資質・能力である「理解していること・できることをどう使うか（未知の状況にも対応できる思考力・判断力・表現力等の育成）」に当たる。

　また，地域を見直し，地域をアピールするゆるキャラの制作は，生活・社会と美術の結び付きを意識することである。これは，求められる資質・能力である「どのように社会・世界との関わり，よりよい人生を送るか（学びを人生や社会に生かそうとする学びに向かう力・人間性等の涵養）」に当たり，ゆるキャラの表現を通じて社会・生活との関わり，美術が人生を豊かにするために大切であることを伝えたい。

　もちろんこの題材では，求められる資質・能力の「何を理解しているか，何ができるか（生きて働く知識・技能の習得）」である，粘土や絵の具を適切に扱い，着色，モデリングする知識及び技能，立体的な造形を作る力も求められるが，アイデアの面白さや社会との結び付きに重点を置いた構成になっている。

　このように，教科のつながり，知識の結び付きを図り，社会・生活で活用できる表現を学習することで「深い学び」につながると考えた。

（3）教材・教具の工夫

　題材の導入段階でゆるキャラに興味・関心をもつために，プレゼンテーションソフトを使って北海道のゆるキャラクイズを行った。クイズでは，ゆるキャラを写真で示し，市町村名とキャラクターネームを答えるようにした。その中で生徒は，各地の名産，特産品，

名所などを考え，ゆるキャラとの結び付きを知ることがで
きる。

　題材に取り組みやすいように，ゆるキャラの特徴を「ま
るくてかわいい」「でも，ちょっと変な感じ」「名前がおも
しろい」「地方の名産，特産物が使われる」の四つのキーワ
ードを示し，分かりやすく題材に取り組めるようにした。
ゆるキャラのアイデアスケッチは，ワークシートに二つ描
いた（写真1）。アイデアスケッチは，教員がプレゼンテー
ションソフトにまとめ，クラスで発表する時間を設け，そ
れぞれの工夫した点を知る機会をつくった。

**写真1　ゆるキャラのアイ
デアスケッチ**

　粘土は，着色やモデリングしやすい加工粘土（樹脂粘土）を使用している。着色は，水
彩絵の具を加工粘土に練り込むことで，発色がよく，きれいな仕上がりになるようにした。
1年次には同じ加工粘土を使って水の中の生き物を表現した経験がある。

　完成した作品の裏側にボンドでマグネットを接着することで，移動式のホワイトボード
一面に全員の作品が展示できるようになっている。また，実際に行われているゆるキャラ
グランプリと同じように，生徒，教員の投票でグランプリを決めて表彰する形式を取って
おり，制作意欲を高め，興味・関心がもてる工夫をした。

4　評価

知識・技能	思考・判断・表現	主体的に学習に取り組む態度
・制作の手順や加工粘土の着色，モデリングの仕方が分かり，適切に材料を扱っている。	・地域の特産品，名物，名所などを考え，ゆるキャラとしてデザインしている。 ・色や形を工夫して立体的に表現している。	・加工粘土の表現やゆるキャラに興味・関心をもち，意欲的に取り組もうとしている。 ・自分や友達の作品のよさを鑑賞し，グランプリにふさわしい作品に投票しようとしている。

（2）評価方法のポイント

・知識・技能については，制作の手順を正しくできるか，絵の具や加工粘土など材料が適
　切に扱え，モデリングができているかどうかで判断する。

・アイデアを考える力には個人差が大きいため，「自分の発想を生かす」「アドバイスをも
　とにアイデアを考える」など個別の目標に応じて評価する。

・地域の特産物，名物，名所などから発想し，ゆるキャラのデザインと結び付けて表現で
　きるかで判断する。

・アイデアスケッチの取組やその発表の様子など制作の過程を含め，主体的に学習ができ
　るかどうかで判断する。

5 単元の指導計画

時	学習内容	学習活動	評価規準
1	●プレゼンテーションソフトによるオリエンテーション	① ゆるキャラについて知る。北海道のゆるキャラクイズに答える。 ② 制作の手順，制作方法，学習予定を知る。	★ゆるキャラについて理解している。知 ★加工粘土作品の制作工程を理解している。知
2	●ゆるキャラのアイデアスケッチ	③ 自分が住んでいる地域の特産品，名物，名所をテーマにゆるキャラのデザインを考える。	★特産品，名物などをテーマにゆるキャラのアイデアスケッチを表現している。思
3	●ゆるキャラアイデア発表会	④ プレゼンテーションソフトのスライドで自分が考えたゆるキャラとゆるキャラネームを発表する。	★自分が考えたゆるキャラのアイデアスケッチを発表している。態
4～6	●樹脂粘土の着色 ●ゆるキャラのモデリング	⑤ 加工粘土を小分けにして，水彩絵の具を練り込み，着色する。 ⑥ アイデアスケッチを基に加工粘土をモデリングしてゆるキャラを作る。	★加工粘土と水彩絵の具を適切に扱い，着色している。知 ★アイデアスケッチを基に立体的に加工粘土をモデリングしている。知
7～8	●ゆるキャラネームカードの作成 ●ゆるキャラグランプリ投票	⑦ マグネットの取り付け，ゆるキャラのネームカードの記入をする。 ⑧ グランプリにふさわしい作品に投票する。	★ゆるキャラにふさわしいネーミングをしている。思 ★自他の作品を鑑賞して投票している。態
9	●表彰式（学年集会）	⑨ 結果を発表し，校長から表彰状を渡す。	★表彰された作品の工夫した点を評価している。態

6 本時の展開〔第3時〕

（1）本時の目標

・プレゼンテーションソフトのスライドで，自分が考えたゆるキャラとゆるキャラネーム，そのテーマを発表できる。

・他の生徒の発表を聞き，アイデアスケッチで工夫した点を理解できる。

（2）本時の展開

学習活動	指導上の留意点	評価規準
導入（10分）　前時までの学習内容を振り返り，本時の学習内容を知る。		
① 始まりの挨拶。 ② 前時の振り返り。 ③ 本時の学習の確認。	・北海道のゆるキャラクイズ，ゆるキャラ制作のポイントを振り返る。 ・自分のアイデアスケッチの発表順や発表	★北海道のゆるキャラ，特産品などを覚えている。知 （発言）

	の方法，注意点を説明する。	
展開（35分）　アイデアスケッチの発表。		
④　プレゼンテーションソフトのスライドに合わせて，アイデアスケッチとゆるキャラネーム，そのテーマを発表。	・発表順に合わせてプレゼンテーションソフトを操作し，発表の進行をする。 ・生徒が発表した後に，アイデアスケッチで工夫した点などについて教員が発問する。 ・他の生徒の発表を聞き，アイデアの工夫した点が分かるようにする。	★自分が考えたアイデアスケッチを発表している。思（ワークシート，発言） ★他の生徒の発表を聞いている。態（表情）
まとめ（5分）　アイデアの工夫した点を知る。		
⑤　発表のまとめ。	・アイデアスケッチで工夫した点などをまとめ，立体作品の制作に向けてのイメージをもたせる。	

7　生徒の学びの姿

　北海道のゆるキャラクイズでの生徒の反応は「知ってる」「見たことあるけど，名前は知らない」から「かわいい」「ちょっと気持ち悪い」などデザインについて，さらに「カニの形をしているけど，どこのゆるキャラかな」「ウニが有名なところは○○町」など地域と特産品，名物のつながりへ関心が移っていった。

　アイデアスケッチでは，ユニークは発想がたくさん生まれた。生徒は「このアイデ

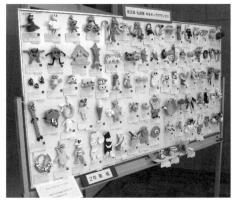

写真2　ゆるキャラグランプリの作品展示

アを粘土で作るにはどうしたらよいのか」など，表現したい作品のイメージに近づけるために積極的に質問する姿が見られた。

　生徒の発想を生かすような指導をすることで，主体的に活動することができ，加工粘土の着色，モデリングも生徒自身が工夫しながら取り組むことができた。

　グランプリに選ばれた作品「ホッキング」（写真3の右側）は，北海道の苫小牧市のゆるキャラで，名産品のホッキ貝をモチーフにしている。ホッキ貝が王冠をかぶり玉座に座った姿で，アイデアや構成がよくできており，地元に対する愛着も感じられる。

　準グランプリの「三角山三兄弟」（写真

写真3　グランプリ作品「ホッキング」（右側）

４）は，遊歩道なども整備され札幌市民の憩いの場に
なっている三角山をテーマにしたゆるキャラである。
ユーモラスなフォルムと三兄弟の表情の違いが楽しめ
る作品となっている。

　ゆるキャラグランプリの投票では，作品とゆるキャ
ラネーム，コメントを真剣に眺めて投票できた。ユー
モラスな作品には笑いが起き，地域の特産品とうまく
関連させた作品には関心の声が上がるなど，自他の作
品を鑑賞するよい機会となった。

　学年集会で行った表彰式では，入賞の期待もあって
大変な盛り上がりを見せ，校長からグランプリの生徒

写真４　準グランプリ作品「三角山三
兄弟」

に表彰状が渡されると大きな拍手が沸き起こった。作品を順位付けすることに対しても，
ゆるキャラグランプリだからすんなりと受け入れ，投票，表彰を楽しむ雰囲気が生まれて
いた。

　ゆるキャラ作りを通して，美術作品が多くの人に地域をアピールする力をもつこと，ア
イデアを作品に結び付けるのには様々な工夫が必要なことを学ぶことができた。美術が社
会・生活と結び付き，日々の生活を豊かにする大切なものであることを感じ取ることがで
きれば，深い学びになったといえるのではではないか。

〈北海道札幌高等養護学校：数土　浩行〉

■本事例の授業評価
「美術」も含め，表現が苦手な生徒たちに，興味のもてる課題を提示し，積極的に地域につ
いて調べ，制作に取り組めるようにしたこと，またそれを，様々な形で多数の人に見てもら
えるような「場」を設定したことが，生徒たちの意欲につながっているのであろう。明確な
「正解」がない美術等においては，「発表の場」を設定し，大勢の人に評価してもらえること
は，とても大切なことである。

高等部における継続的な職場体験実習「Jチャレンジ」と校内実習「Iチャレンジ」
〜自ら考え，主体的に取り組み，たくましく生活するための職場体験学習の設定〜

1　実践の概要

　本校高等部は，生徒一人一人の実態に応じた学習活動を展開するため，「生活B」「生活A」「総合」「技能」の四つの類型を設定している。

　総合類型では，将来の生活や働く上での知識・技能・態度を習得するため，近隣の企業の協力を得て毎週水曜日の午前中に職場体験を行っている（以下，「Jチャレンジ」という）。体験先から評価をもらい，午後は学校でその日の反省会を総合類型全学年で行っている。

　技能類型では，毎週水曜日を職業実習の日として，実際の会社の仕事に見立てた反復学習を校内で行っている（以下，「Iチャレンジ」という）。Iチャレンジは，スキルアップや学習内容の定着を図り，さらに応用力や問題解決能力を養う学習活動となっている。

2　単元の目標

・職場を実際に体験することで，働くことの意義や仕事の多様性を理解し，仕事で必要な知識を習得し技能の定着を図ることができる。**（知識及び技能）**

・職場での体験を基に自分の目標を意識して責任を果たそうとしたり，適切な応対や，作業効率を考えたりすることができる。**（思考力，判断力，表現力等）**

・他者評価から自分の課題を整理し，適切に対応や判断をすることができる。**（思考力，判断力，表現力等）**

・ステップアップの段階を確認し，明確な目標をもって取り組み，学習後の振り返りを行うことで，失敗から学び，粘り強く課題に取り組もうとする。また，フィードバックすることにより次回への意欲を高め，社会に貢献する喜びを感じる。**（学びに向かう力，人間性等）**

3　単元について

（1）生徒の実態

　Jチャレンジの対象生徒は，概ね潜在的な能力は高いが，経験していないことをイメージし多角的な見方で問題解決を行うことや，一般的な社会のルールやマナーに疎いため，円滑なコミュニケーションを取ることが難しい。しかし，環境が整えば力を発揮できるため，簡潔かつ具体的な指示や視覚的な支援などが必要である。

　Iチャレンジの対象生徒は，知識や技能を習得することに時間を要し，コミュニケーション面での苦手意識を抱える生徒が多数を占めており，学校外の実際の職場で働く体験を

するための基礎的な力が十分に身に付いていない傾向がある。

（2）単元の設定（J：Jチャレンジ　I：Iチャレンジ）

① Jチャレンジ

卒業後に結び付く実践的な態度を育成するため，ホームセンター，スーパーマーケット，老人福祉施設，ファストフード店などで，1～3名の小集団で職場体験を行う。校内での教科学習や，作業学習，部活動などとの関連性を大切にし，自分自身の職業観，勤労観を確かなものにする。

写真1　朝礼の様子（Jチャレンジ）

② Iチャレンジ

生徒の困難さを把握し，個に応じた反復練習を重ねることでスキルアップを図り，就労するための基礎的な力や心構えを養い，現場実習にスムーズにつなげる。

（3）教材・教具の工夫

① Jチャレンジ

・評価表：体験先の方の雇用者の視点での評価と自己評価を比べ，自分の力を再評価し，自分の成長を確認できる内容にしている。指導者は評価表に記されていない職場の方のコメントも紹介し，次への意欲を高められるようにする。

・ICT機器：朝礼時の姿勢，就業中の挨拶の声や表情，職場の方との応対の様子，道具の置き方など，生徒が自分を客観視できるように，指導者はタブレット端末で記録しておく。

・振り返りでの情報の共有：上級生や友人が体験した新たな気付きを聞くことで状況を把握し，適切な対応について生徒同士での意見交換や指導者からの助言を聞くことにより理解を深める。

② Iチャレンジ

・評価表：一日の活動の目標を明確にして取り組めるようにし，活動後は振り返りを行い，できたこととできなかったことを自分で把握し，次回の目標につなげる。

・お客様アンケートやMVP表彰：アンケートを取り入れ，実際のお客様の意見を聞き，第三者評価について考える場とする。また，MVP表彰を設定し，手本となる生徒を表彰するとともに，次回への意欲を高められるようにする。

❹ 評価

（1）評価規準

	知識・技能	思考・判断・表現	主体的に学習に取り組む態度
J	・仕事の流れやポイントを理解し，準備から片付けまで一人で行っている。 ・丁寧・正確に行い，慣れてきたらスピードや効率を意識している。	・場に応じた対応を考えて行っている。 ・協力し，責任をもって行っている。 ・職場のルールやマナーを守っている。	・課題を意識しながら日常生活に意欲的に取り組んでいる。 ・将来の生活に希望をもち，困難なことに直面しても粘り強く努力している。
I	・仕事の手順を覚えている。 ・丁寧・正確に作業している。 ・作業量を増やし，作業のスピードアップを図っている。 ・任された仕事を一人で行っている。	・お客様の目線に立った仕事の質について理解している。 ・接客マニュアルに沿った接客をしている。 ・場に即した臨機応変なお客様対応をしている。	・仕事をする上での基本的な態度を身に付けている。 ・毎回の目標を自分で設定し，ステップアップを目指して主体的に取り組んでいる。 ・喜ばれる仕事をすることに意欲を示し，努力している。

（2）評価方法のポイント

① Jチャレンジ

・職場体験後の午後は振り返りの時間とし，巡回した指導者，職場の方の評価，仕事の様子を，記録したタブレット端末で確認しながら，できるようになったことや改善する点を整理する。評価の高い点は自分のPRポイントとして自己有用感を高める。評価の低い改善点については，状況を理解した上でなぜ改善が必要なのか，生徒同士で考える時間を設定する。職場体験から学び，同じ一般就労の目標をもつ集団の一員として，自覚を図る。

・自己評価，指導者の評価ともに低かった項目，自己評価に比べ指導者の評価が低かった項目は必ず課題として挙げる。また，理解しているができていない，定着していない場合も，PDCAのサイクルで，次回までに学校内の活動，家庭生活など，様々な場面において課題を結び付け，改善に向けて努力できるように促す。

② Iチャレンジ

・日誌を活用し，それぞれの観点別評価を基に自己評価をまとめる。評価を○×で視覚化したり，明文化したりすることで記録として残し，生徒自身へのフィードバックにするとともに，次回への目標立ての材料とする。

・お客様アンケートを生徒にフィードバックすることで，自分の仕事が実際の社会の中でどのように評価されるかを知る。評価を受け止め，次回につなげる力を養い，実践し褒められることで自己肯定感を高め，働く喜びや意欲をもてるようにする。

5 単元の指導計画（Jチャレンジ）

時	学習内容	学習活動	評価規準
1	●Jチャレンジの理解	① Jチャレンジの意義について理解する。 ② 「働く」「生活する」「楽しむ」のバランスについて理解する。 ③ 就労に必要な基本的な知識や技能の必要性について学習する。	★学習内容を理解し，意欲的に取り組んでいる。態
2	●Jチャレンジ：通勤練習，面接	④ 就労先までの通勤経路を確認する。 ⑤ 面接で，身だしなみや言葉遣い，入室など，好感のもてる所作を意識できるよう促す。	★安全な通勤準備をし，仕事内容を理解している。知 ★職場のマナーや言葉遣いを身に付けている。態
3〜21	●Jチャレンジ：就労体験（各就労先の指示を聞いて取り組む）	⑥ 安全に気を付けて通勤する。 ⑦ 自分の課題を整理し，意識して取り組む。 ⑧ 指示を正確に聞き，取り組む。 ⑨ 報告・連絡・相談をタイミングよく行う。	★交通ルールを順守している。思 ★丁寧，正確に取り組もうとしている。態 ★効率に結び付く工夫をしている。思 ★仕事に従事することに喜びを感じている。態
22	●振り返り	⑩ 次の活動に生かせるよう，評価を基に，できたこと，改善する点を整理し，発表したり友達の発表を聞いたりする。 ⑪ 日常の活動の中で意識する場面を考え，教員と一緒に改善策を探り，発表することができる。	★自己理解をし，改善しようとしている。態 ★適性を理解し，将来への就労意欲を高めている。態

6 本時の展開〔第3時〕

（1）本時の目標

・自分の課題を意識して取り組むことができる。

・指示を正確に理解して，責任をもって仕事を行うことができる。

・評価から改善点を整理し，次回のJチャレンジに向けての目標を考えようとする。

（2）本時の展開

学習活動	指導上の留意点	評価規準
導入（10分）　Jチャレンジに向けた準備		
① 朝礼	・身だしなみや準備物は家庭での協力を求める。 ・安全に通勤できるよう言葉かけをする。 ・課題を再確認するよう促す。	★準備物をチェックシートで確認している。知（行動） ★爽やかな挨拶や態度を心掛けている。態（行動，表情）
展開（180分）　Jチャレンジの活動		
② 出勤 ③ 勤務	・入室時，担当の方への適切な挨拶を行うことを意識付ける。 ・準備から片付けまで一人で行えているか確認する。	★声の大きさや表情に留意して挨拶をしている。思（行動，表情）

		・指示を聞き，メモを取ったり復唱したりしながら正確に行えているか確認をする。 ・休憩時間の過ごし方に注意するよう促す。 ・担当の方にタイミングよく報告を行い，不安な点は必ず確認することを伝える。 ・最後まで責任をもって取り組むことを意識付ける。 ・退勤時に適切な挨拶を行い，安全に気を付けて帰校できるよう言葉かけをする。	★感謝の言葉や質問をし，タイミングよく報告している。**思**（発言） ★職場のマナーやルールを理解している。**知**（行動） ★指示を理解し，確認のための工夫をしている。**思**（行動）
④	退勤		
まとめ（100分）　Ｊチャレンジの振り返り			
⑤	反省	・評価表を見て，仕事内容，よい点，今後の課題を，分かりやすい言葉を選んで発表するように伝える。 ・職場の方が求めている水準を理解し，どのように改善することが適切か考えられるよう，助言する。 ・日常生活で気を付ける場面を考え，改善策を教員や友達と話し合い，意欲的に取り組めるような言葉かけをする。	★自己評価と職場の方，教員の評価の違いを理解している。**知**（行動，発言） ★将来の生活を意識し，困難なことにも最後まで取り組もうとしている。**態**（行動，発言）

７ 生徒の学びの姿

　Ｊチャレンジを行う総合類型の生徒は，卒業後の生活をイメージしながら，校内での職業実習や作業学習を軸とし，知識・技能を習得していく。そしてＪチャレンジという職場体験で，どう動けばよいか，自ら考え，判断し，適切な言葉や態度で対応する力を付けていく。「体調が優れないときは誰に相談するか」「職場の担当外の方から普段

写真２　スーパーでのバックヤード作業

の指示とは別のやり方を言われた」等々，判断に迷う場合もある。新たな場面での問題解決は，生徒にとって大きな成長となる。今までの経験と知識を基に，適切な行動を自ら考え，判断する。うまく対応できなかったとしても職場の方や教員から正しい対応を聞き，次の機会の改善点として捉える。Ｊチャレンジの学習の中で定着した知識や技能が，職場での状況と関連付いたときや，将来の自分に結び付いていくと体感できたときに，自ら積極的に取り組もうとする生徒の前向きな姿を見ることができる。同様に職場の方からの評価は，自己理解を深める重要なツールである。実社会の自分に対する評価を受け止める契機となる。自分では意識していなかった点に高い評価をもらうこともあり，自分の長所を再確認できることもある。評価は，職場から求められる基準であることを理解して取り組むことで，より精度を上げようとする姿勢が見られる。自己評価，職場の方の評価の継続的な活用には今後も改良が必要である。学びの過程での自分の思いや考えなど，自己の変容や成長を振り返る機会とし，キャリア・パスポートとして，学年が進行し卒業しても自

分の学びの足跡として振り返ることのできる活用方法を探っていく必要がある。

　Ｉチャレンジをする技能類型の生徒は，会社の上司役やお客様が普段接している教員であり，安心して取り組める。そして個人のつまずきに対し，「次はこうしてみよう」「この部分が課題ですね」など前向きに取り組める言葉かけの受入によって成長していくことができる。中でもコミュニケーションを苦手とする生徒については，教員を相手に自分からコミュニケーションを取る場面を設定し，接客マニュアルに沿った手順を繰り返し行うことで徐々に慣れていくことができる。Ｉチャレンジを通じて，自分の改善点を考えたり，セールスポイントのスキルアップを図ったりすることで自信を付け，実際の職場で自信をもって仕事ができるようになっていく生徒が多い。

　以上のような短期集中型の現場実習とは異なる継続的な職場体験に基づく学習活動は，身に付けた基礎的な知識及び技能を活用し，生徒の思考力，判断力を養い，自己のもつ力を伸長していく機会となっている。

〈香川県立香川中部養護学校：**坂本　衣美，宮武　智恵**〉

■**本事例の授業評価**
生活や職業に対する関心を高め，将来の家庭生活や職業生活に関する基礎的な知識及び技能を身に付けるためには，実習等を通して繰り返し体験をすることも大切ではある。しかし，最も大切なのは，一回一回の体験を，きちんと評価され，自分自身でも評価し，次の体験に生かしていくことである。本事例では，その評価の「場」を明確に設定し，指導している。短期集中ではない「継続型」の現場実習という形も有効に働いている。

生徒同士が支え合う協同的な学習と「主体的・対話的で深い学び」の実践
～高等部交流企画プロジェクト　M大学附属特別支援学校交流会に向けて!～

１　実践の概要

　高等部全学年による縦割の班活動で「協同学習（涌井，2014）」（主体的・対話的で深い学び）に取り組んだ実践を紹介する。本単元では，M大学附属特別支援学校高等部生徒との交流会に向けて，M県を題材にした楽曲をつくる班，学校紹介動画を制作する班，オリジナルゲームをつくる班の三つの活動を展開した。生徒は，交流会の成功という共通の目標に向かって互いに支え合う経験や，日々の学習の「振り返り」によって相手を尊重し，認め合う経験を積み重ねることができた。本稿では，オリジナルゲームを考え，ゲームで使用する道具作りを行った班の活動を対象に実践を紹介する。

２　単元の目標

・互いの役割を理解し，自発的に取り組むことができる。**（知識及び技能）**
・学習したことを整理して伝える（発表する）ことができる。**（思考力，判断力，表現力等）**
・協同的な活動の中で，自分の考えを伝えることができる。**（思考力，判断力，表現力等）**
・互いに取組の成果と課題を振り返ろうとする。**（学びに向かう力，人間性等）**
・他生徒が努力する姿に気付き，認めようとする。**（学びに向かう力，人間性等）**

３　単元について

（１）生徒の実態

　高等部では，「総合的な学習の時間」の中で「オリンピック・パラリンピック教育」やアダプテッド・スポーツを通した交流を題材にした単元を計画してきた。そこでは，パラリンピアンや留学生，高校生との交流会に向けた取組の中で，互いの役割を理解しながら協力して目標に向う姿や，さらには，経験したことを振り返る活動を通して相手を尊重し，認め合う生徒の姿を目指した。

　前年度は，これまでの学習経験を生かし，交流会に向けた取組を軸にした「国際理解学習」の単元を通年で計画した。生徒は，多くの外国人に接する機会があることから，世界の地理や国旗をはじめ，様々な文化への興味・関心をもっていた。自国と諸外国の民族，自然や文化，産業などについて関心をもちながら生活を楽しむ生徒の姿を願い，生徒主体に企画する留学生との交流会に向けて，諸外国の特色について理解を深める「調べ学習（調べる・まとめる・考える・発表する）」の機会を設定した。

　この学習では，学部縦割グループ編成による「協同学習」を設定したことで，生徒が共通テーマについて調べて発表する学習を積み重ね，「生徒の主体的な姿」「協同で目標に向

かう姿」「役割を分担する姿」「認め合う姿」が成果として確認された。目標をもって学習したことを発表する経験は，人に「伝えたい」という明確な動機が育ち，自信をもって主体的に学習に取り組む姿の育ちを支えていたと考えた。

　3年生の生徒Nは，前年度の総合的な学習の時間で副班長として代表者会議（編集委員会）に参加し，班長を支える役割を担っていた。今後のリーダー的な存在としての成長が期待された生徒Nは，先輩の姿をモデルに，自分一人で作業を進めるのではなく，役割を分担し，協力して作業を進める意識がもてるようになっていた。最高学年となった生徒Nは，班活動のリーダーとしての役割を任された。

（2）単元の設定

　生徒の学習経験を生涯の深い学びにつなげていくためには，「協同学習」による生徒主体の学びの場と「振り返り」を重視した授業展開が効果的であると考える。

　目標達成に向けて生徒同士が協同で取り組む場面では，自分の考えや意見を伝えながら課題に向かうことが求められる。また，自分のもっている知識や技能を活用し，知恵を出し合いながら試行錯誤したり，課題の解決に向かったりする場面は，様々な学習や生活の場に生かすための思考力，判断力，表現力が育まれると考えた。

　生徒が相互に学習を振り返る場面の設定は，生徒主体による学習評価の機会を実現し，学びに向かう気持ちを高めることができる。また，自分が知っていることやできること，苦手なことや必要な支援などについて考え，自己理解を深めることができると考えた。こうした生徒の学びは，現在の家庭や地域の生活，さらには職業生活を含む将来の様々な生活の場に結び付き，活用され，深めていこうとする前向きな気持ちが育つことを願った。

（3）教材・教具の工夫

① 班活動の工夫

　展開した班活動は，生徒の興味・関心に基づいて異なる題材を設定した。パソコン，電子黒板とタブレット端末を活用して学校PR動画を制作する「映像作り班」，作曲ソフト（ボーカロイド教育版）を活用して交流ソングを作曲する「楽曲作り班」，実際の交流会で行うゲームをつくる「オリジナルゲーム作り班」

写真1　音声ペンを使った発表

の3班を編成した。授業の振り返りや交流会の発表は，タブレット端末や「音声ペン」，タブレット端末アプリケーション「スマイルノート」（ユニティ社と本校高等部が共同で開発）などのICT機器や教材を活用することで，全ての生徒が参加できるように配慮した。また，リーダー的役割の生徒を中心に交流会を主体的に取り組めるよう，各班からの代表2名で構成する企画委員会を編成し，授業の「まとめ」に班活動の様子を報告し合い，協力して学習を進めるための手掛かりや課題解決の方法について考える場を設定した。

② 「振り返りシート」の工夫

本単元は，集団に向けて生徒全員が発表する機会が設定されており，他者から評価される経験の積み重ねによって，自信をもち，自己をポジティブに捉える自尊感情が高まることに期待した。発表機会は，全ての生徒に保障し，障害の程度が重度の生徒であってもICT機器や教材を活用して発表ができるよう配慮することで，より主体的に活動に向かう気持ちが育つことを願った。タブレット端末で撮影した活動の様子を印刷し，「振り返りシート」に貼付することで重度の生徒にも分かりやすい評価の工夫をした。

写真2　障害の程度が重度の生徒の「振り返りシート」

　学習評価は，自分自身で評価する自己評価，教師が評価する他者評価，生徒同士で評価する相互評価の機会を設定し，口頭発表に限らず，具体物や写真の選択や，作品等の実物を提示したり，実際に生徒の前で再現したりするなどの工夫をした。学習の成果と課題を記す「振り返りシート」は，個々の課題に応じて書式を検討し，自己評価に加えて他者からの評価も1枚のシートに記入できるようにした。互いのよい点や可能性，進歩の状況などを積極的に評価し，学習したことの意味や価値を実感できることを目指した。

4　評価

（1）評価規準

	知識・技能	思考・判断・表現	主体的に学習に取り組む態度
1段階	・自分の役割を知り，自発的に取り組んでいる。	ア）学習した内容を伝えて（発表して）いる。 イ）自分にできること，やりたいことを伝えている。	ア）自分の目標を振り返り，「振り返りシート」にまとめたり，発表したりしている。 イ）前向きに取り組んでいた生徒の名前を発表したりしている。
2段階	・互いの役割を知り，共通の目標に取り組んでいる。	ア）目標に対する取組の様子を伝えて（発表して）いる。 イ）他生徒のやりたいことや，考えを聞いている。	ア）他生徒の目標を振り返り，「振り返りシート」にまとめたり，発表したりしている。 イ）他生徒の役割や目標を理解し，努力している（していた）ことを見つけている。
3段階	・互いの役割を援助しながら，協同で目標に取り組んでいる。	ア）学習の課題に気付き，伝えて（発表して）いる。 イ）他生徒の考えに対する自分の考えを伝えている。	ア）班活動の取組を振り返る中で，班の成果を発表している。 イ）他生徒が努力している（していた）ことを称賛している。
4段階	・課題を解決しながら目標に取り組んでいる。	ア）課題を解決する方法を考え，伝えて（発表して）いる。 イ）意見を交換し，まとめている。	ア）班活動の取組を振り返る中で，班の課題と次時の目標を考え，発表している。 イ）互いに認め合い，協力して目標に向かおうとしている。

（2）評価方法のポイント

・「知識・技能」では，自分と他者といった相互の関係の中でそれぞれ担う役割を理解し，自発的な役割を遂行する姿と，互いの役割を理解しながら，様々な状況に応じて活動を支援したり，支援を依頼したりしながら協同的に取り組む姿を段階的に評価した。

・「思考・判断・表現」では，経験したことを伝える力（知識・技能）を基盤に，班活動の課題に気付き，解決方法を伝え合うことや，互いの意見を交換し合いながら，目標達成に向けて協同的に取り組む姿を段階的に評価した。

・「主体的に学習に取り組む態度」では，自分と他者といった相互の関係の中で取組の成果や課題を「振り返りシート」にまとめたり，班活動の課題から次時の目標を考えたりするといった学びに向かう姿，さらには目標に向かって努力し，互いに認め合う生徒の姿を段階的に評価した。

　これらの学習評価では，3観点5項目の単元目標に対し，ルーブリック評価による4段階の評価基準を設定することで，具体的な到達点の確認と次の段階への指針とすることで「指導と評価の一体化」を図った。

⑤　単元の指導計画

　1，9，10は合同授業，2～8は班活動ごとの授業を展開する。

時	学習内容	学習活動	評価規準
1	●前単元の内容を振り返り発表する。 ●M県の自然や文化を知る。	①　前単元やM大附属での交流の動画を全員で視聴する。 ②　スライド資料を見る。	★思ア（1～2段階）参照。
2	【ゲーム作り班】 ●ゲームとサプライズ企画を考え，発表する。	【ゲーム作り班】 ③　タブレット端末で情報を集め，話合いを行う。	★思イ（1～4段階）参照。
3 〜 8	●役割を分担して製作活動に取り組む。 ●目標を評価し合う。 ●班活動の報告と課題の解決方法を話し合う。	④　2グループに分かれて製作活動に取り組む。 ⑤　活動を振り返る。 ⑥　班長は企画委員会に参加する。	★知（1～4段階）参照。 ★思ア（1～4段階），イ（1～4段階）参照。 ★態ア（1～4段階），イ（1～4段階）参照。
9	●交流会の進行と班の発表に見通しをもつ。	⑦　体育館でリハーサルを行う。	★知（1～4段階）参照。 ★態イ（3～4段階）参照。
10	●各班の発表をする。 ●自分から関わりをもち，相手を理解する。	⑧　企画委員の進行で交流会を行う。 ⑨　M大附属生と交流する。	★知（1～4段階）参照。 ★態ア（3～4段階）参照。

⑥　本時の展開〔第7時〕

（1）本時の目標

カ　「ゲーム作り」と「ウェルカムボード作り」のそれぞれのグループで互いの役割を理解し，援助し合いながら協同で活動に取り組むことができる。**（知識及び技能）**

キ-1　グループの生徒が協同で取り組む活動の課題に気付き，解決する方法を考えたり，伝えたりすることができる。**(思考力，判断力，表現力等)**

キ-2　グループの生徒が協同で取り組む活動の中で，自分のやりたいことや考えを伝えたり，意見を交換したりすることができる。**(思考力，判断力，表現力等)**

ク　自分，ペアの生徒，班の目標を評価し，ペアの生徒が努力していたことについて「振り返りシート」に記入し，発表しようとする。**(学びに向かう力，人間性等)**

（2）本時の展開

学習活動	指導上の留意点	評価規準
導入（10分）　企画委員会からの報告を聞き，班と個人の目標を確認する。		
①　企画委員会の報告を受けて，振り返りシートに目標を記入する。	・企画委員会の報告内容と本時の活動内容をスライドで示す。 ・班長の発言をホワイトボードに示す。	★態ク参照。（発表，振り返りシート）
展開1（25分）　役割を分担しながら協同で製作活動に取り組む。		
②　〔グループA〕生徒同士で話し合い，装置（ゲームで使用するダンボール空気砲）の調整をする。 ③　〔グループB〕役割を分担してウェルカムボードを製作する。	・グループリーダーを中心に，話し合いによって役割を分担するよう促す。……※1 ・必要に応じて協同で取り組むポイントや手順を示した「進行マニュアル」を参考にするよう促す。……※2 ・振り返りで使用する生徒のエピソードをタブレット端末で録画する。……※3	★知ク（3～4段階）参照。（活動の様子，動画撮影） ★思キ-1（1～4段階），キ-2（1～4段階）参照。（活動の様子，動画撮影） ★態ク（2～4段階）参照。（活動の様子，動画撮影）
展開2（35分）　投てき装置の実験を通して，自分の考えをもち，相手に伝える。		
④　ワークシートを使い，役割を分担して実験を行う。	・※1～3に同じ。 ・必要に応じてタブレット端末を使用し，記録担当の生徒に使い方を教示する。	★展開1の評価規準と評価方法に同じ。
まとめ（30分）　班全体の評価，自分と友達の評価を通して目標を振り返る。		
⑤　班の目標を振り返る。 ⑥-1　自分とペアの生徒の目標を振り返る。 ⑥-2　〔企画委員会〕班長は，別室で班活動を報告し合い，課題を検討する。	・振り返りシートの目標の確認を促す。 ・必要に応じてタブレット端末に記録した動画で活動の様子を確認する。 ・他生徒からの評価を確認し，自分の評価との違いを確認する。 ・〔企画委員会〕意見がまとまるよう教師がファシリテートする。	★知ク（1～2段階）参照。 ★思キ-2（1～3段階）参照。 ★〔発表〕態ク参照。（振り返りシート） ★〔企画委員会〕態ク（3～4段階）参照。（話合いの様子）

７　生徒の学びの姿

　3年生の生徒Nは，前年度に先輩の姿をモデルに班活動への意識が高まり，共通の目標に取り組む姿勢に変化が見られていた。本単元では，リーダー的な存在として，班活動に限らず代表者が集まる企画委員会をまとめる役割が期待された。

「課題に気付き，解決する方法を考えたり，伝えたりすることができる」「自分のやりたいことや考えを伝えたり，意見を交換したりすることができる」という目標に対して，班長として授業の「振り返り」を進行する生徒Nは，教師のファシリテートによって生徒の思いや考えを引き出し，まとめようとする姿が見られるようになった。以下，「振り返り」の変容過程を示す。

写真3　班の振り返りを進行する生徒N

① 質問に対する応答がなく，「ありませんでした」と教師に報告する。（沈黙の振り返り段階）

② 友達の応答を待たず，「達成しましたね」「今日はありませんね」と終わらせてしまう。（一方的な振り返り段階）

③ 全ての生徒の評価を引き出す。（応答性のある振り返り段階）

④ 発表内容を踏まえて「どうしてそう思ったのですか」と理由を聞き出す。（発展した振り返り段階）

⑤ 発表のつまずきに「それはこういうことですね」と相手の考えを整理する。（主体的な振り返り段階）

⑥ 自由な発言を引き出し，活発な意見交換を導く。（応答性を高める振り返り段階）

⑦ 生徒の意見を拡げ，まとめたり，目標達成に向けて課題を解決しようとしたりする。（生徒主体の振り返り段階）

本単元において生徒Nは，発言に応じて自ら考え，判断しながら協調的，かつ建設的に意見を一つの方向に収束しようとする様子が見られた。また，生徒主導による丁寧な学習評価の機会が実現したことによって，生徒N自身が学習の目標や課題を意識し，次の学習に生かすことができた。班活動の目標が達成される経験は，自尊感情が育まれ，他生徒を尊重する気持ちの育ちと同時にリーダー的存在としての自覚が芽生えていった。

〔文献〕

・涌井恵編著（2014）『学び方を学ぶ』ジアース教育新社

〈前 筑波大学附属大塚特別支援学校：中村 晋〉

■本事例の授業評価

本事例では，障害の程度が重い生徒も含め，生徒全員に発表の機会が与えられるよう，ICT機器等を用いた指導上の工夫がなされている。特に評価に用いた「振り返りシート」では，教員による評価だけでなく，自己評価や生徒同士の相互評価までも，障害の重い生徒も含め行えるようによく工夫されている。ICT機器を用いた学習では，学習の成果だけでなく，その過程も記録できるので，学習評価においても有効に活用ができるはずである。

「サウンド・オブ・フジミダイ」をがんばろう！
〜音階（ドレミファソラシド）を知り，身体で表現しよう〜

1　実践の概要

　毎年本校の交流学習発表会「こぶし祭」では，小学部4〜6年生のグループでステージ発表を行っている。今回は児童になじみのある「ドレミのうた」が使われている「サウンド・オブ・ミュージック」をモチーフに，学校の所在地である富士見台工業団地をもじって「サウンド・オブ・フジミダイ」としてミュージカルを発表することになった。それに伴い，音楽の授業では「ドレミのうた」を中心とした音階の学習を行うこととした。

2　単元の目標

・低い音，高い音の違いに気付き，低いドから高いドまでの1オクターブの音階を理解できる。**（知識及び技能）**
・音を意識して聴き，低いドから高いドまでの1オクターブの音階をそれぞれの身体部位に触ること（「からだでドレミ」と称する）で表現できる。**（思考力，判断力，表現力等）**
・周りの様子や友達の反応に呼応し，自分から動き，意欲をもって努力しようとする。その結果として，みんなで一つのものをつくり上げる喜びを味わう。**（学びに向かう力，人間性等）**

3　単元について

（1）児童の実態

　本校小学部4〜6年生は，通常学級の児童23名と重複障害学級の児童3名，合計26名で音楽の授業を行っている。年齢の違いがある上，音楽を感覚的に捉えている児童から理解力の高い児童まで，音楽に関する実態の幅は広い。しかし，ほとんどの児童が音楽を楽しみにしており，一人一人の表情からも，意欲・関心の高さがうかがえる。

　しかしながら，鍵盤楽器の学習では，階名唱を行ってから演奏に取り組むようにしているが，今弾いている音から指を低いほうに動かすか高いほうに動かすか，指の移動に戸惑う児童が多く見られる。

（2）単元の設定

　小学部の高学年になると，鍵盤楽器を使用して演奏をする機会が増える。日頃あまり意識しない音の高低に気付くとともに，音に集中する体験を通して，低いドから高いドまでの音階を覚えることができれば，鍵盤楽器をスムーズに演奏できると考えた。音階を覚えることで音楽が身近になり，自分から表現したい意欲が高まって，より音楽活動が広がることを期待した。

　この単元ではミュージカル映画「サウンド・オブ・ミュージック」内の「ドレミのうた」と「エーデルワイス」の歌唱も取り入れ，音楽の授業のみにとどまらず，特別活動として「こぶし祭」のステージ発表につなげていくことにした。

（3）教材・教具の工夫

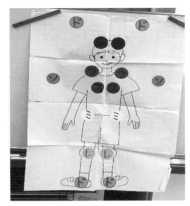

写真1　「からだでドレミ」

　低い音，高い音を聴き分ける学習では，ピアノで一番低い音の和音と高い音の和音を鳴らし，違いを際立たせる。初めに低い音のイメージとしてしゃがんで体を低く，高い音のイメージとしてかかとを上げて体を高くする動作を教員が示範した。それを見て児童は同じ動作をするようになったので，徐々にクイズ形式を取り入れていった。併せて「第1問，しーっ！」という言葉かけで音に集中するよう促した。

　次に，評価のためにみんなの前で発表する場面を設けた。1オクターブの音階につなげるため，授業を重ねるごとに低い音と高い音の幅を狭めていった。

　「からだでドレミ」の活動には音と体の部位を示す視覚教材を使用した（写真1）。初回は楽しく学ぶため，「ドレミのうた」の1番を歌いながら，ゆっくり音の確認を行った。

写真2　歌唱「ドレミのうた」

　また，表現する喜びを感じ取ってほしいと考え，「サウンド・オブ・ミュージック」のDVD内の「ドレミのうた」の場面を鑑賞し，児童の表現しようとする意欲や関心を喚起した。

　「エーデルワイス」の歌唱では，英語にもチャレンジした。日本語では歌詞中の「エーデルワイス」を本校の校章のモチーフとなっている「こぶし」の花に置き換え，より歌に愛着がわくようにした。

4　評価

（1）評価規準

知識・技能	思考・判断・表現	主体的に学習に取り組む態度
・音の高低に気付いている。 ・低いドから高いドまでの1オクターブの音階を理解している。	・音の高低を聴き分けて，体で表現している。 ・「からだでドレミ」では，示範や視覚教材を見ながら，音階を体の部位で表現している。 ・自分なりの表現で，「ドレミのうた」「エーデルワイス」を歌っている。	・みんなの前に出て「からだでドレミ」を発表している。 ・「サウンド・オブ・ミュージック」を鑑賞して，音楽の楽しさを味わっている。

（2）評価方法のポイント

・音の高低が分かることを目標とするが，高低を自ら判断して表現できない場合は，周り
　の動きを見てまねているうちに，感覚的に捉えられることをねらう。

・「からだでドレミ」では視覚支援を手掛かりに，リズムに遅れても周りのまねをしなが
　らついていこうとしたり，部分的に行ったり，体を揺らしてリズムや音階を感じたりし
　ている様子も見逃さないようにする。

・歌唱では，声の大小にかかわらず，正確に発音できていなくても正しい音程で発声した
　り，体を揺らして歌を楽しんだり，歌おうとする意欲など，児童それぞれの表現の仕方
　を尊重し評価する。

5　単元の指導計画

時	学習内容	学習活動	評価規準
1〜3	●低い音，高い音	① 耳を澄ませて，ピアノの一番低い音と一番高い音の違いを聴き分けて，体で表現する。 ② ピアノの音を聴いて，低い音か高い音かを当てるクイズを行い，みんなの前で発表する。	★音の高低に気付いている。**知** ★みんなの前で発表している。**態**
4〜6	●音階（ドレミファソラシド）	③ 低いドと高いドの間の音の名前を知る。 ④「ドレミのうた」の1番を歌いながら，音階に合わせて体の部位を触る。 ⑤「サウンド・オブ・ミュージック」の「ドレミのうた」の部分を鑑賞する。 ⑥「ドレミのうた」の曲を聴きながら「からだでドレミ」による身体表現をする。	★低いドからと高いドまでの1オクターブの音階を理解している。**知** ★音楽の楽しさを味わっている。**態** ★示範や視覚教材を見ながら，音階を体の部位で表現している。**思**
7〜9	●エーデルワイス	⑦ DVDで原曲を鑑賞し，英語の意味を知る。 ⑧ 1番は日本語（「エーデルワイス」を「こぶし」にした替え歌），2番は英語で歌唱の練習をする。	★音楽の楽しさを味わっている。**態** ★自分なりの表現で歌っている。**思**
10	●まとめとこぶし祭に向けての話	⑨「ドレミのうた」と「エーデルワイス」の歌唱を録音した後，自分たちの歌を鑑賞し，発表のステージで流すことを伝える。	★音楽の楽しさを感じながら歌っている。**思** **態**

6　本時の展開〔第4時〕

（1）本時の目標

・低いドと高いドの間にある音を理解できる。

・ドレミの音階に対応する体の部位に手を動かすことができる。

（2）本時の展開

学習活動	指導上の留意点	評価規準
導入（5分） 挨拶，本時のめあて・学習内容を知る。		
① 挨拶 ② 始まりの歌 ・「はじめよう！」 ③ 今日のめあて・学習内容の確認	・ピアノの音をよく聴くように促す。 ・楽しい時間が始まるという期待感をもたせるようにするため，教師も一緒に楽しく歌う。 ・学習内容のカードを一つずつ示す。 ・今日のめあて・学習内容をみんなで復唱して，活動内容や曲の名前を覚えるようにする。	★当番やT1に注目し，本時のめあて・学習内容を理解している。態（発言，表情）
展開（30分） 表現活動		
④ 低いドと高いドの間にある音の名前を確認する。 ⑤ 音の名前と体の部位のマッチング。 ・「からだでドレミ」 ⑥ 「サウンド・オブ・ミュージック」の「ドレミのうた」の部分を鑑賞する。 ⑦ 「ドレミのうた」の1番を歌いながら「からだでドレミ」を行う。	・どんな音があるか，質問を投げかける。 ・視覚支援（模造紙）の教材を提示して，示範をしながら，一つずつ体の部位に手を動かすことを確認する。 ・画面に注目するよう促し，興味・関心を喚起する。 ・1フレーズずつ区切りながら示範をし，その後1番を通して歌う。	★1オクターブの音階を理解している。知（発言） ★示範や視覚教材を見ながら音階を体の部位で表現している。思（動き，表情） ★音楽の楽しさを味わっている。態（表情）
まとめ（10分） 振り返り，次時の予告。		
⑧ 感想を言う，聞く。 ⑨ 次の授業の話と学校祭の話を聞く。	・面白かった場面，覚えたこと，できるようになったことについて質問をし，挙手した児童を指名する。 ・ミュージカルの意味を簡単に伝え，音楽の授業と並行して，みんなで「サウンド・オブ・フジミダイ」に取り組むことを伝える。	★友達の前で発表している。態（発言） ★次回の活動に興味・関心をもっている。態（表情）

⑦ 児童の学びの姿

（1）児童同士の関わり

「サウンド・オブ・ミュージック」の映像を見せたとき，児童は，なじみのある「ドレミのうた」が英語で表現されているにもかかわらず，楽しそうに階段を上り下りしたり踊ったりしている様子に釘付けになっていた。

その後の「からだでドレミ」の学習では教員の模倣から，次第に自分で視覚支援の図を見ながら判断して素早く表現できる児童，テンポに乗れなくても友達の動きを見ながらまねをする児童，印象が強い部分だけを行う児童など，「ドレミのうた」に合わせて自ら体を動かす様子が回を重ねるごとに増えていくのが見て取れた。

また，練習の際の児童同士の関わりを見ても，他者からの働きかけを受容的に受け止め，肯定的な表現でやり取りをする様子が多く見られた。

　さらに，本授業は3学年合同で実施しているため，下学年の児童が上の学年の児童を手本に動き，上の学年の児童は下級生に手本を示すことで自信を付けたり，下学年の児童の面倒を見たりなど，まさに協働して音楽を学んでいる形となった。

（2）英語の歌詞を楽しむ

　「エーデルワイス」は特別支援学校小学部の音楽の教科書にはない。しかし，ALTの授業などを通して英語には興味・関心がもてていたので，英語での歌唱に抵抗なく移行することができた。

　英語の歌詞の意味を児童に伝えたところ，エーデルワイスが花の名前だと分かり，その部分を本校の校章のモチーフであるこぶしの花に替えて歌うことでさらに興味を高めることができた。また3拍子のリズムに合わせて体を揺らしながら歌うことも，児童の実態に合っており，楽しく取り組めた要因と思われる。

　単元の最後にはステージ発表で使う音響作成のため，「ドレミのうた」と「エーデルワイス」の歌の録音を行うこととした。テイク1，テイク2，テイク3と行うごとに「もっと声を出そう！」と言葉かけをすると，全員が一体となってよりよいものをつくろうとする意思を感じることができた。その後，こぶし祭に向けてグループごとに練習をしていくことになったが，本番のステージ発表は児童の興味・関心や意欲の高さから大成功となった。

　特に構音障害のため発語が難しいダウン症のある児童が「エーデルワイス」「こーぶし」の部分を伸び伸びとした発声と正しい音程で披露できたこと，言葉でのコミュニケーションが難しい自閉症のある児童が，マイクに自ら顔を近付けて伸び伸びとした発声と正しい音程で歌えたことは驚きで，指導者として嬉しい限りであった。

（3）児童の意欲でカリキュラム・マネジメント

　こぶし祭のフィナーレでは，「サウンド・オブ・ミュージック」に使われている「ひとりぼっちの羊飼い」を使用し，体育教員プロデュースでミュージカルのカーテンコール風の構成で盛り上がった。児童の表情は達成感にあふれた本当にいい笑顔だった。

　この後の音楽の学習は合奏「茶色の小瓶」で，「音階を知ろう」の単元で学習したことが，鍵盤ハーモニカの演奏に非常に生きた。次の音に指を移動させるときに，低い・高いが感覚的に身に付いていたため，スムーズに次の音に進むことができていた。上手に弾きたいと，教室に楽器を持ち込み，昼休みに練習をする児童もいた。練習の成果があり，とても上手に演奏できるようになり，児童の間から，誰かに聴かせたいという意見が挙がってきた。そのため，

写真3　「サウンド・オブ・フジミダイ」

こぶし祭同様，クリスマスコンサートで発表することを目標として練習に励むこととした。発表するという目標があることは，児童にとって意欲・関心が向上し，指導上とても効果的であると感じた。

　最後に，こぶし祭でのステージ発表は，新しいことに取り組むのではなく，日々の学習を発展させて発表に結び付けたことがとてもよかったと改めて思っている。日々の学習を通して，意欲や意識付けを喚起し，ステージ発表では授業で習得したことを披露するので，無理なく自信をもって取り組むことができ，より主体的に学習する態度につながった。音楽の授業で感じたこと，覚えたこと，習得したことを通して表現する喜びを体感し，さらにみんなでつくり上げていくことで，より喜びが増したのではないかと考える。また，自分の要求を伝えることが難しい児童が，音楽で学習した楽曲を鼻歌で歌っていたり，習ったリズムを手拍子したりしている場面が見られるようになった。このように音楽の楽しさが自然に日常生活に入り込めたことが，何よりの成果と感じている。

〈栃木県立南那須特別支援学校：**武崎　祐子**〉

> **■本事例の授業評価**
> 本事例では，学習発表会での器楽演奏に向け，「視覚支援」の教材や，身体の感覚を活用した指導方法を工夫し，スモールステップで児童が音階を知るところから指導を始めている。事例の中の児童は，音階という「知識」を得たことにより，楽器でうまく「表現」できるようになり，「もっとうまく弾きたい」と自分から「主体的」に練習に取り組むようになっている。資質・能力の三つの柱は，相互に関連し合いながら子供たちの成長へとつながる。

見通しをもって活動する姿を目指して
～わくわく迷路で遊ぼう～

1　実践の概要

　本校の小学部では，主体的・対話的で深い学びの視点の「主体的な学び」に重点を置き，見通しをもって進んで活動する児童の姿を目指した授業づくりを行っている。本単元では，約1m四方の箱を組み合わせて作った段ボール迷路の一部分を，児童一人一人が担当し，自分の部屋を作った。手順表や繰り返しの活動など見通しのもたせ方を工夫することで，進んで活動する力を伸ばすこと，遊びを通して友達との関わりを広げることを目標に取り組んだ。

2　単元の目標

・好きな材料や道具を選び，手順表や見本を手掛かりに迷路の飾りを作ることができる。
　（知識及び技能）
・自分や友達が作った飾りを楽しみながら迷路で遊ぶことができる。**（思考，判断，表現力等）**
・見通しをもって飾りを作ったり，遊んだりしようとする。**（学びに向かう力，人間性等）**

3　単元について

（1）児童の実態

　本グループは，1年生2名（男子2名），2年生2名（男子1名，女子1名），3年生8名（男子5名，女子3名），計12名で構成されている。繰り返しの活動であれば見通しをもって一人で行うことができる児童や，絵や写真カード，手順表などの視覚的支援を手掛かりにすることで活動できる児童，教員の言葉かけや一緒に行うなどの支援を必要とする児童など，実態は様々である。児童の実態把握に当たっては，行動観察や聞き取り，発達検査等を活用することで，障害の状態や発達段階，特性，感覚の使い方，人や物などへの関わり方，コミュニケーションについてなどを把握する。

　児童の例を挙げると，3年生の男子児童のO児は，平仮名の読み書きができ，日常生活の中では言葉でコミュニケーションを取ることができる。生き物に関心が強く，動物や恐竜の本を読んだり，パズルに取り組んだりしている。スケジュールや時間にこだわりが強く，活動中も見通しがもてなかったり，終わりの時間を気にして気持ちが不安定になったりすることがある。しかし，見通しがもてるようにスケジュール表で活動内容を確認したり，具体的な時間のめやすを伝えたりすることで，落ち着いて活動に取り組む姿が見られるなど，少しずつ軽減してきている。そこで，学習の中では，O児の興味のある動物

や恐竜の飾りを作ったり，見通しがもてるように個別のスケジュール表や手順表，タイマーを活用したりしてきた。

　また，同じく３年生の男子児童のＰ児は，五十音の平仮名を読むことができ，自分の名前や１画，２画の平仮名を書くことができる。発音に不明瞭なところもあるが，簡単な言葉でのコミュニケーションを取ることができる。休み時間には，プラスチック製の野菜や果物などの模型を使って，料理を作るまねをしたり，食べるまねをしたりして楽しんでいる。次の活動への切り替えが難しい場面があるが，任された仕事や自分が好きな活動には意欲的に取り組むことができる。迷路の飾り作りでは，興味・関心を踏まえ，簡単なままごとができるような飾りを作るようにした。また，次の活動に移ることができるように，活動が終わりの音楽を決めて流したり，興味をもつことができる役割を担当したりするようにした。

（2）単元の設定

　これまでの生活単元学習では，紙をちぎって貼り合わせたり，折り紙をはさみで切って掲示物を作ったり，新聞紙や花紙を丸めて袋に入れ，食べ物の模型を作ったりするなどの活動を行ってきた。以前学習した「迷路を作って遊ぼう」では，段ボールを使ったトンネル迷路作りを経験した。この単元の制作では，好きな絵を描いた紙や，ステンシルで作った恐竜や果物の絵を，トンネル迷路の壁に貼って装飾した。迷路遊びでは，教室全体を使った迷路の中を自分のペースで進んで楽しんだり，途中で止まって自分や友達の飾りを見て楽しんだりする姿が見られた。

　そこで，今回の単元では，さらに大きな段ボール迷路を作り，自分たちだけでなく，みんなで遊べるようにしたいと考えた。本単元を通して，やり方が分かり，自分から飾りを作ったり，みんなと一緒に迷路で楽しく遊んだりすることで，活動に進んで取り組むことができるようになってほしい。また，自分たちが迷路を十分に楽しむことで，その楽しさを他の人たちと共有したいという気持ちにつながってほしい。そして，日々の生活の中でも，見通しをもって自分から活動に取り組んだり，友達との関わりを広げたりできるようになることを期待し設定した。

（3）教材・教具の工夫

　本単元では，段ボールで作った大きな迷路を用意し，児童一人一人が自分の好きな物を題材にして飾り，装飾するようにした。迷路の中の一つの部屋を担当し，児童が十分に装飾することができる広さを確保するようにした。

　また，見通しをもって取り組むことができるように，写真やイラストを使って視覚的に分かりやすく説明したり，児童の実態

写真１　迷路の様子

に合わせて，作るものの見本や手順表を用意したりした。使う材料は，好きな物を選ぶことができるように，色紙，シール，テープ，ペン，ビーズ，紙粘土，風船などいろいろな種類や素材のものを用意し，児童の興味や関心があること，得意なことを生かして飾りを作るようにした。道具は，色付きのり，クラフトパンチを弱い力でも押せる補

写真2　興味のある物でいっぱいになった部屋

助具，安全に使用できるカバー付きのカスタネットばさみなどを用意し，自分から活動に取り組むことができるようにした。

　そして，何を作りたいか，何を使って作るかを教員と相談しながら作った飾りが，日々少しずつ増えていくことで，期待感が高まるようにした。遊びでは，自由に遊ぶ時間を十分に確保することで，ゴールを目指して進んだり，自分や友達が作った飾りを見たり，触ったりして楽しむことができるようにした。

４　評価

（１）評価規準

知識・技能	思考・判断・表現	主体的に学習に取り組む態度
・好きな材料や道具を選んで，迷路の飾りを作っている。 ・手順表や見本を手掛かりにして，迷路の飾りを作っている。	・自分なりの楽しみ方で遊んでいる。 ・自分や友達が作った飾りを楽しみながら迷路で遊んでいる。	・活動内容が分かり，最後まで取り組んでいる。 ・見通しをもって飾りを作ったり，遊んだりしている。

（２）評価方法のポイント

・自分が作った迷路の飾りを友達に見せたり，感想を発表したりするなど，児童が自らの学習を振り返る場面を設定する。また，一人一人のよい点，伸びたところなどを評価する。

・1単位時間ごとに全てを評価するのではなく，単元全体を見通して，評価の場面を工夫する。

５　単元の指導計画

	学習内容	学習活動	評価規準
1	●学習内容や学習予定について知る。	①　飾りがない段ボールをつなげただけの迷路で遊ぶ。 ②　学習予定表で学習内容や予定を確認する。	★学習内容が分かり，単元の見通しをもつことができている。態
2	●作る飾りを決める。	③　教師と相談しながら決め	★教師と相談したり，提示さ

2		たり，いくつか提示したものから選択して決めたりする。	れたものから選んだりして，作る飾りを決めている。思
3〜6	●迷路の飾りを作る。	④ ちぎった紙を貼り合わせたり，ステンシルをしたりするなど，自分の好きな飾りを作る。	★材料や道具を選んで飾りを作っている。知 ★活動内容が分かり，最後まで取り組もうとしている。態
	●作ったものを飾り，迷路で遊ぶ。	⑤ 前時に作った飾りを迷路に飾る。 ⑥ 迷路で遊ぶ。	★作ったものを迷路に飾っている。知 ★見通しをもって遊んでいる。態
7	●看板を作る。	⑦ 自分の部屋の名前を決める。 ⑧ ペンで書いたり，花紙で文字を作ったりする。	★自分で部屋の名前を考えたり，教師と相談しながら部屋の名前を考えたりしている。思
8	●看板を付けて迷路を完成させる。	⑨ 交代で看板を付ける。 ⑩ 完成した迷路で遊ぶ。	★自分や友達が作った飾りを楽しみながら迷路で遊んでいる。思
9	●小学部の友達を招待して，迷路で遊ぶ。	⑪ 友達と一緒に迷路で遊ぶ。 ⑫ 係の仕事をする。	★自分で作った部屋を紹介したり，友達と一緒に遊んだりしている。思

6 本時の展開〔第8時〕

（1）本時の目標

・自分や友達が作った飾りを見たり，触ったりして，楽しみながら迷路で遊ぶことができる。

・活動の流れが分かり，自分から移動したり，係の仕事をしたりすることができる。

（2）本時の展開

学習活動	指導上の留意点	評価規準
導入（3分）　本時の学習内容を確認する。		
① 学習予定表やイラストを見て，本時の学習内容を確認する。	・見通しがもてるように，学習予定表を使いながら本時の活動内容を説明する。 ・遊ぶ活動であることが分かるように，大きめのイラストを用意して提示する。	★学習予定表やイラストを見て本時の学習内容について知り，見通しをもつことができている。態（発言，表情，様子）
展開（35分）　看板を飾り，迷路で遊ぶ。		
② お互いの部屋を，写真を見て確認する。	・それぞれの部屋の写真をテレビに映し出し，特徴を説明したり，楽しい雰囲気が伝わるような言葉をかけたりする。	★友達の部屋の写真を見て，期待感をもっている。態（発言，表情，様子）
③ 部屋の看板を飾る。	・自分で看板を付けることができるように，看板に両面テープを貼っておく。 ・待っている児童の期待感が高められるように，迷路の写真を見ながら，どこに行きたいかを質問する。	★両面テープの剥離紙を剥がし，看板を貼っている。知（様子）
④ 完成した迷路で遊ぶ。	・遊び始める前に，遊ぶときの約束を教	★自分や友達が作った飾り

	師が読み上げ，確認する。 ・安全に遊ぶことができるように，教師も一緒に入って遊んだり，外から全体を見守ったりする。 ・遊びが広がるように，教師が一緒に遊んで手本を示す。	を楽しみながら迷路で遊んでいる。**思**（発言，表情，様子）
まとめ（7分） 感想を発表し，次時の活動の確認をする。		
⑤　本時の活動を振り返り，楽しかったことや頑張ったことなどを発表する。	・意欲が高められるように，児童が発表した内容に対し称賛の言葉をかける。 ・児童の実態に応じて，児童が部屋の写真カードを選び，教師が代弁する。	★楽しかったことを発表したり，楽しかった友達の部屋の写真カードを選んだりしている。**思**（発言，表情，様子）

　本時は，完成した迷路で初めて遊ぶ時間である。遊ぶ前に，それぞれが担当した部分を写真で提示し，児童が自分の作った物を紹介する場を設定することで，期待感をもち，意欲的に遊ぶことができるようにしたい。

　十分に遊んで楽しむことで，「もっと遊びたい」「自分が作った物を見てほしい」「〇〇さんと遊びたい」という気持ちをもち，次時からの活動にも意欲的に取り組む姿を引き出したい。

7　児童の学びの姿

　本単元を通して，予定表や個別の手順表など，視覚的に分かりやすい資料を用意したり，制作する日と迷路で遊ぶ日を交互に繰り返し行ったりすることで，児童が見通しをもち，落ち着いて活動することができた。

　3年生のO児は，スケジュール表や手順表を手掛かりにして，落ち着いて活動に取り組むことができた。ステンシルで恐竜の飾りを作ったり，段ボールを切ったり，色を塗ったりして大きな恐竜の模型を作って飾るなど，自分が大好きな「恐竜の部屋」を作るということで意欲的に取り組み，完成した飾りを笑顔で嬉しそうに友達に紹介する姿が見られた。

　遊びの場面では，最初は，終わりの時間を気にして迷路からすぐに出てきてしまい，活動に集中することができなかったが，キッチンタイマーを持ち，活動の終わりの合図を出す係を担当したことで，安心して活動に取り組むことができた。自分の部屋だけではなく，友達の部屋に行き，友達が作った飾りで遊ぶ姿が見られ，時間いっぱい遊びを楽しむことができた。

　3年生のP児は，紙粘土でお寿司のネタやしゃりを作り，ままごとのように遊べる飾りを作った。

　遊びの場面では，友達を誘い，お寿司屋さ

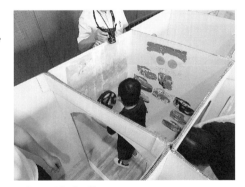

写真3　遊びの様子

んになりきって楽しむ姿が見られた。次の活動への切り替えについては，終わりの音楽を決めておき，音楽が流れたら遊びを終わりにして集まるようにした。また，遊びの最後に，迷路の扉を閉じる係を担当してもらった。終わりの音楽が流れたら，「この音楽は何の音楽かな」と言葉をかけることで，音楽に注意を向けることができ，遊びを終わりにすることができた。そして，遊びの後に任された係があることで，すぐに次の活動に移り，迷路の扉を閉じることができた。

　児童一人一人が，一つの「部屋」を担当し，好きなものを作って飾ることで，児童の興味・関心を引き出し，自分の「部屋」に愛着をもったり，時間いっぱい遊んだりする姿が見られた。友達との関わりの面でも，友達の様子を見て活動内容や遊び方が分かるなど見通しをもつことができたり，自分が作った物を友達に見せ称賛されることで自信につながったりと，集団での高め合いが見られた。

〈千葉県立飯高特別支援学校：大貫 達也〉

■本事例の授業評価

本事例では，児童一人一人に与えられた部屋が12個，迷路に見立てられて並べられているので，活動をしようと自分の部屋に向かうと，自然と他の児童の作品が目に留まるように工夫されている。他の児童の作品もそれぞれ刺激になり，作成に向かう意欲にもつながっているのであろう。また，いったん作成を始めると，一つ一つの部屋は壁に仕切られて視覚的にも制限されているので，集中して取り組むことができることも児童にとってはよいと思う。

他者とコミュニケーションを図ることが少ない 生徒への，コミュニケーション力を育てる指導
〜「わかる・できる」を積み重ねよう〜

■1　実践の概要

　人とコミュニケーションを図るためには，自発的に人と関わる力や，他者とやり取りする力が必要である。そこで，他者とコミュニケーションを図る機会が少なく，他者とやり取りする方法を未学習で，やり取りが続きにくい生徒に対し，自発的にコミュニケーションを図ったり，他者とやり取りしたりする力を育てる実践に取り組んだ。

■2　単元の目標

・教員の質問内容を理解し，質問内容に沿った適切な答えを伝えることができる。(3人間関係の形成（1），6コミュニケーション（1）（2）（3）)

・友達や教員と，簡単なゲームや日常会話をすることができる。(3人間関係の形成（1）（4），6コミュニケーション（1）（2）（3）)

・スケジュールで情報を取得し，三つの学習コーナーを，スケジュールを確認しながら一人で回ることができる。(2心理的な安定（1）（2），4環境の把握（5）)

■3　単元について

（1）生徒の実態

　本校中学部では，自立活動の時間における指導を，毎日1時間目に実施している。生徒数は18名で少人数ではあるが，全員が常に安定した心身の状態で日々の学習をスタートすることは難しい。そこで，週時程に自立活動の時間における指導を位置付け，個別化・小集団で学習する場面を設定し，心身の調整並びに学習体制を整えることをねらいの一つとして指導を行っている。

　また，その時間のもう一つのねらいは，生徒の中心的課題（教育的ニーズ）や特性に基づき指導目標と指導内容を選定して指導を行い，自立活動の時間における指導で獲得した事柄について，2時間目以降の各教科等の指導場面において，般化・応用の展開となるよう位置付けていることである。

　自立活動の時間における指導では，知的発達水準によって，

・Rグループ……知的発達水準4歳以上。身辺自立度が比較的高い。ソーシャルスキルトレーニングが必要。

・Sグループ……知的発達水準4歳未満。生活場面で支援が必要。支援者からの言語指示の理解，言葉での応答に課題あり。

の二つのグループに分けて指導を行っている。それぞれのグループは9名で構成されてお

り，本稿では，Sグループの2名の生徒の学習を紹介する。

・生徒T……簡単な言語指示は理解できる。視覚情報（二語文程度の簡単な文章）を手掛かりにして，一人で活動を進めることができる。自発的に教員に話しかけ，簡単な言葉で日常会話をすることはできるが，長くは続かない。自発的に友達に話しかける回数は少ない。

・生徒U……簡単な言語指示は理解できる。視覚情報（二語文程度の簡単な文章）を手掛かりにして，一人で活動を進めることができる。自発的に教員や友達に関わることは少ない。毎回，同じ学習場面で簡単な質問内容であれば，落ち着いて質問に答えることができる。

（2）題材の設定

本グループでは，一つの特別教室を四つの学習コーナーに分け，一人一人の生徒が10分ごとに三つの学習コーナーを回って学習する形態（図1）を採っている。四つの学習コーナーは，①身体（対人行動の基盤となる粗大運動の模倣をねらう学習），②動作学習（身体に注意を向け，動作を通して心理面の課題にも働きかける学習），③コミュニケーション（自己始発，他者とのやり取りの学習），④対面学習（指示どおりの物の操作，言語理解，見本合わせ学習等）である。

図1　教室環境図

各学習コーナーでは，学習活動内に「環境設定や教示→生徒の行動→よい結果」という学習機会を多く設定することを教員間で共通理解した上で指導を行っている。これは，行動の後によいことが起こる学習機会を高い密度で提供することで，学習目標の達成や「わかる・できる」が積み重なり，主体性や達成感が高まることが期待できるからである。一人一人の生徒に対する学習目標と学習内容は，「特別支援学校幼稚部教育要領　小学部・中学部学習指導要領」（平成29年4月告示）の「自立活動の目標と内容」と，3年後の個々の生徒の自立に向けて，今，習得しておかなければならないスキルや学びに向かう力は何か，という点を踏まえて設定している。

今回は，四つの学習コーナーの中から一つを抽出して，コミュニケーションコーナーの学習内容を簡単に述べる。コミュニケーションコーナーでは，他者とのコミュニケーション力を高めるため，模倣する力，言語理解力や言語表出力，他者とやり取りする力を高めることに重点を置き，個々の実態や特性に合わせて指導を行っている。本単元の対象生徒Tと生徒Uについては，自発的に他者と関わることが少なかったり，他者とのやり取り（会話など）が続かなかったりすることがあるため，自発的に他者と関わったり，他者と

長くやり取りしたりすることを目標とし，指導を行った。

（3）教材・教具の工夫

　見通しをもって学習に取り組むことができるよう，個々にスケジュール（写真1）を使用しながら学習に取り組んでいる。スケジュールの使い方は，各コーナーでの学習が終わったら，各コーナーの担当者からチップを一つもらい，スケジュールに貼る。その後，次のコーナーへ移動する。チップを三つ貼ったら，全ての活動が終了するという流れになっている。

写真1　スケジュール

4　評価

（1）評価の観点

・教員の質問内容を理解し，質問内容に沿った適切な答えを伝えている。

・友達や教員と簡単なゲームをしている。

・友達や教員と日常会話をしている。

・三つの学習コーナーを，スケジュールを確認しながら一人で回っている。

（2）評価方法のポイント

・学習に取り組んでいる行動が見られたら，その都度，言葉で褒める。また，本時の学習目標を達成させることができたら，言葉で褒めたり具体的にできた箇所を伝えたりする。

・学習目標が達成されたかどうか，生徒の行動を記録用紙に記録する。

・生徒の学習の様子をビデオに撮り，授業後にビデオを見て，目標が達成されたかどうか確認する。

5　単元の指導計画

　コミュニケーションコーナーの指導計画を記載する（半年の実施回数70回。2学期制のため，前期と後期で，学習するコーナーや各コーナーを一緒に回るメンバーが替わる）。

時	学習内容	学習活動	評価
1〜10	●ゲームをする。 ●教員の質問に答える。	① 友達と「黒ひげ危機一発」ゲームをする。 ② カレンダーを見ながら教員の質問に答える（今日，明日，昨日）。	★友達と「黒ひげ危機一発」ゲームをしている。 ★教員の質問に答えている。
11〜30	●ゲームをする。 ●教員の質問に答える。	③ 友達とすごろくをする。 ④ カレンダーを見ながら教員の質問に答える（昨日したこと，朝ご飯の内容，今日の下校方法等）。	★友達とすごろくをしている。 ★教員の質問に答えている。
31〜50	●ゲームをする。 ●教員と簡単な日常会話をする。	⑤ 友達とババ抜きをする。 ⑥ 質問カードを使って，教員と簡単な日常会話をする。	★友達とババ抜きをしている。 ★教員と日常会話をしている。

		⑦ 友達や教員と一緒に，神経衰弱をする。	★友達や教員と神経衰弱をしている。
51〜70	●ゲームをする。 ●友達と簡単な日常会話をする。	⑧ 質問カードを使って，友達と簡単な日常会話をする。	★友達と日常会話をしている。
毎時間	●三つの学習コーナーを回る。	○三つの学習コーナーを，スケジュールを確認しながら一人で回る（年間を通じて行う）。	★三つの学習コーナーを，スケジュールを確認しながら一人で回っている。

⑥ 本時の展開〔第45時〕

（1）本時の目標

全体指導とコミュニケーションコーナーの目標を記載する。

・生徒 T……手順書を確認しながら，ババ抜きを進めることができる（友達に言葉で手順を伝えることができる）。

・生徒 U……友達のリードの下，ババ抜きに取り組むことができる（友達の言葉かけを聞いて行動に移すことができる）。

・生徒 T・U……三つの学習コーナーを，スケジュールを確認しながら一人で回ることができる。

（2）本時の展開

学習活動	指導上の留意点	評価
導入（5分）　始まりの挨拶をする。今日の学習活動を確認する。		
① 始まりの挨拶をする。 ② 三つのコーナーで学習を行うことを確認する。 ③ 最初の活動場所に移動する。	・号令をかけたい生徒を言葉で募る。挙手した生徒を指名する。 ・教員は，必要に応じて，言葉かけや身振りで，挨拶をするよう促す。 ・今日も三つの活動コーナーで学習を行うことを，言葉とジェスチャーで伝える。 ・移動の合図を言葉で伝える。 ・教員は，最初の活動場所が分からず行動が止まっている生徒に，指差しや言葉かけで場所を伝える。 ・一人で移動できたときは言葉で褒める。	★最初の学習コーナーに，一人で移動している。（行動）
展開（30分）　自発的に学習コーナーを回り，学習に取り組む。		
④ 身体コーナーで学習する（生徒T）。対面学習コーナーで学習する（生徒U）。 ⑤ コミュニケーションコーナーで学習する（生徒T・U）。 ⑥ 友達と一緒にババ抜きをする。 ・ババ（ジョーカー）を1枚取る。 ・ケースを片付ける。 ・カードを10回切る。 ・カードを配る。	※⑤のコミュニケーションコーナーの指導上の留意点のみ記載する。 ・トランプ，手順書，トレイ二つを提示し，2人でババ抜きをするよう言葉をかける。 ・生徒Tに，手順書を確認しながらババ抜きを進めるよう，言葉をかける。 ・生徒T・Uがババ抜きをする様子を側で見守る。 ・生徒Tが手順書を確認しながらゲームを進めたり，生徒Uが生徒Tの言葉かけを聞いてゲームに取り組んだりしているときは，言葉で褒める。 ・行動が止まっているときは，言葉かけをしたり指差しをしたりして，次の行動に移るよう促す。 ・ゲームを間違って進めているときは，言葉かけや指差しで，適切な行動を伝える。	★2回目と3回目の学習コーナーに，一人で移している。（行動） ★生徒T：手順書を確認しながらババ抜きを進めている（友達に言葉で手順を伝えている）。（行動） ★生徒U：友達のリードの下，ババ抜きに取り組

・ペアのカードを出す。 ・順番を決める。 ・順番にカードを引く。 ・勝ち負けを確認する。 ⑦　動作学習コーナーで学習する（生徒T・U）。	・ゲームの勝敗が決まったときは，生徒Tと生徒Uのどちらかが，「勝ち」「負け」と言うまで待つ。 ・生徒Tと生徒Uのどちらかが「勝ち」「負け」と言ったときは，勝った生徒の名前を伝え「おめでとう」と言ったり，負けた生徒に「次回，またやってみましょう」と言い，チャレンジする機会がまたあることを伝えたりする。 ・手順書を提示し，手順書に沿って最後まで2人で取り組めたことを伝える。 ・生徒Tが自発的に片付けを始めたら，言葉で褒める。	んでいる（友達の言葉かけを聞いて行動に移している）。（行動）
まとめ（5分）　終わりの挨拶をする。スケジュールを見ながら，三つの学習コーナーで学習に取り組めたか確認する。		
⑧　三つのコーナーで学習に取り組めたかどうか確認する。 ⑨　終わりの挨拶をする。	・教員は，近くにいる生徒に「いくつ勉強しましたか？」と言葉をかける。 ・教員は，生徒がスケジュールを見ながら「1，2，3」や「三つ」と言って返答できたときは，言葉で褒める。 ・号令をかけたい生徒を言葉かけで募る。挙手した生徒を指名する。 ・教員は，必要に応じて，言葉や身振りで挨拶をするよう促す。	★「いくつ勉強しましたか？」という教員の質問に，「1，2，3」や「三つ」と言って答えている。（発言）

7　生徒の学びの姿

　一つめに，コミュニケーションコーナーでの生徒の学びの姿を伝える。ババ抜きの仕方を教える前に，生徒Tと生徒Uが二人でババ抜きをすることができるかどうか確認するため，様子を観察した。ゲームを始める前に生徒Uがババを1枚抜かなかったり，生徒Tと生徒Uがペアのカードを全て出し切れなかったりして，ゲームを最後までやり遂げることができなかった。そこで，ババ抜きの過程を

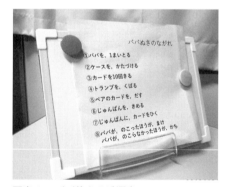

写真2　ババ抜きの手順書

8項目に分けた手順書を作成し，生徒に提示することにした（写真2）。また，カードの枚数が多かったため，枚数を半分（27枚）に減らし実施することにした。実施するときには，毎回，生徒の行動を記録表（ババ抜きの過程8項目を，二人でできたかどうか，項目ごとに，「○……二人でできた」「△……教員の支援ありでできた」「×……教員の支援ありでもできなかった」で記録）に記録し，できている過程とできていない過程を見取ることにした。二人への支援は，間違った方法でゲームを進めたり行動が止まったりしているときにだけ，指差しや言葉かけを行うことにした。記録を進めていくと，毎回，ペアのカードを出す過程で「ここにカードを置きましょう」という言葉かけと指さしが必要であった。そこで，ペアのカードを入れる箱を一人に一つ用意することにした。その後，指導開

始から7回目に，初めて8項目全てに○が付き，生徒Tがババ抜きを進められるように
なった。また，指導開始から11回目以降，毎回支援なしで，二人でババ抜きに取り組むこ
とができた。ババ抜きに取り組む際，生徒Tが生徒Uに，「順番を決める。じゃんけん，
ポイ」や，カードを抜くときに「Uくんの番だよ」と言ったり，自発的に道具の準備・
片付けをしたりすることができるようになった。実施回数を重ね，生徒Uが，生徒Tの
言葉かけを聞いて順番にカードを引いたり，勝ったときには「勝ち」，負けたときには
「負け」と自発的に伝え，勝ち負けが理解できるようになったりした。実践した結果，生
徒Tと生徒Uが自発的にゲームを進めていくには，視覚的に分かりやすい教材が有効で
あった。また，指導を進める際に毎回記録を付けたので，どの過程ができ，どの過程がで
きていないのかが分かり，支援が必要な箇所が明確になった。そのことも，自発的に取り
組めるようになったことにつながったと考える。

　二つめに，取組全体の生徒の学びの姿を伝える。どの生徒も，個々にスケジュールを確
認しながら，自発的に三つの学習コーナーを回ることができ，どの学習コーナーでも心理
的に安定して学習に取り組めている。スケジュール自体が学習の始まりと終わりを分かり
やすく示し，チップがたまること自体が「できた」という達成感につながっていると考え
る。また，どの学習コーナーでも，通常考えられるより高い密度で「わかった，できた」
という学習機会がある（数秒〜10秒に1回）ことも，生徒の心理的安定につながっている
と考える。

　今後も，「わかる・できる」場面や自発的に学習に取り組む場面をさらに増やし，生徒
の将来の自立につなげていきたい。

〈鳴門教育大学附属特別支援学校：藤本　綾子〉

■本事例の授業評価
「評価」といったとき，児童生徒が受けるものという印象があるが，教える側にとっては，
児童生徒の実態を把握するための重要なツールである。本事例の「学びの姿」に書かれた生
徒のように，トランプゲームのルールのどこが「分からないのか」に教える側が気付くこと
が，次の「分かる」につながるのである。しっかりとした「評価」が次の「授業改善」へと
つながり，それが児童生徒の「分かる」につながるのである。

特別養護老人福祉施設との
よさこい披露を通した交流の取組
～南ガーデンに笑顔を届けよう！ よさこい盛り上げグッズとプレゼントを作ろう～

■1　実践の概要

　本校では「街は大きな教室だ」を合い言葉に，地域とのつながりを特色とした教育課程を編成している。それを受け，中学部では毎年，「地域に元気を届けよう」のテーマの下，特別養護老人福祉施設「大館南ガーデン」（以下，「南ガーデン」という）で「よさこい」を披露する活動や，プレゼントを届ける活動を行っている。利用者の方に喜んでもらえるように意識しながら盛り上げグッズ（小旗とうちわ）やステンシルを施したハンカチの制作を行い，生徒が主体的に学習に取り組むようになった実践である。

■2　単元の目標

・ハンカチ，小旗，うちわ作りの工程が分かり，繰り返すことで自信をもって制作することができる。**（知識及び技能）**

・よさこいが盛り上がるグッズになるよう，デザインや色，使用する材料を自分で決めたり，友達のデザインを参考にしたりして飾り付けをすることができる。**（思考力，判断力，表現力等）**

・自分たちと一緒に利用者の方もよさこいを楽しめるよう，自ら進んでグッズを制作しようとする。**（学びに向かう力，人間性等）**

■3　単元について

（1）生徒の実態

　本学級は，男子生徒7名で構成され，うち特別支援学級から入学した生徒が4名である。全員が言葉でコミュニケーションを取ることができ，自分の気持ちを教員や友達に伝えられる。また，物作りが好きで，作ってみたいものがあると積極的にチャレンジしようとする気持ちが強い生徒たちである。しかし，作りたいと思うものと，自分の技量との間に差があると，途端に「できない，難しい」と諦めてしまうことが多い。また，自分が興味をもったことには熱中できるが，友達と協力したり，誰かのために何かを作ったりといった活動では「面倒だからやりたくない」「やる意味がない」と言うなど，消極的な発言が目立つ。

　次に，本学級の生徒のうち生徒V，生徒Wの2名に焦点を当て，実態や見取りの方法について説明する。

　小学校から本校中学部に入学した生徒Vは，好奇心が旺盛であり，初めて見る物は何でもやってみたいと思う生徒である。しかし，自分の作りたい物を表現する際に，友達の

やり方や考え方をまねすることに抵抗があり，困った状況に陥った際にも一人で悩み，「上手にできない！　もうやめる！」と話したり，投げやりな態度で制作物を仕上げ，活動を終わらせたりすることがある。上手に作りたい気持ちは強いが，失敗することや失敗した作品を友達に見られることを極端に嫌がるため，学習内容が難しいと感じる場合には教室から逸脱することもあった。制作する際に難しいと感じる場合は，難易度を下げたものを複数の選択肢として提示したり，補助具などを準備したりすることで活動を再開することが多かった。また，褒められたり，繰り返し活動して自信がもてたりすることで気持ちに余裕が生まれ，難しい活動にも挑戦できることもあった。

　生徒Wは，学級の中では比較的難しい活動に対しても根気強くチャレンジできる生徒である。勝ち負けにこだわりがあり，自分が一番になりたいという気持ちが強いため，他者の意見を受け入れられなかったり，自分の意見が通らなければすねたりすることが多い。周りで褒められている生徒がいると「自分にもできる」「大したことない」と伝えてしまい，トラブルの原因をつくってしまうこともある。アイディアが豊富であるため，自分のアイディアを誰かに教えたいと思っているが，上から目線になってしまい，自分の長所を生かせずにいることに不満を感じている。よいアイディアがある場合には教員が仲介して全体に伝えることで，その伝え方をまねし，トラブルにならずに伝えられるようになってきている。

（2）単元の設定

　生徒たちは自分が「作りたい」「やってみたい」ものを表現することや，自信をもって他者に伝えることに難しさを感じることが多い。本単元では，南ガーデンの方に喜んでもらう経験が生徒の自信につながると考えた。試作を届けたり，インタビューしたりする活動を通して利用者の方と関わる機会を確保することで，「プレゼントを届けたい」という気持ちをもって活動に取り組む姿が期待できる。また，活動の中で友達とアイディアを認め合う機会を積み重ねていけるため，今後難しいと感じることに直面しても根気強く挑戦したり，友達に協力を求めたりする姿が期待できる。このような理由から本単元を設定した。

（3）教材・教具の工夫

　校外でのよさこい披露を経て，誰かに喜んでもらうということへの期待が生じていたため，プレゼントする相手のことを活動中にも意識できるよう，写真1のような教材を用意した。

　何度か南ガーデンに試作を届け，利用者の方と仲良く話ができるようになったため，インタビューを実施した。黒板に利用者の方の写真と要望を毎回掲示することで常に相手を

写真1　利用者の方の写真と要望ボード

意識でき，相手の好きな色や形，好きな物などを制作に生かせるようになった。そのプレゼントが誰に対する物なのかが一目で分かるため，アドバイスや意見交換のきっかけとして使うこともできた。

もう一つの教材として，自信をもって自分のアイディアを紹介したり，他の友達のアイディアを取り入れたりする姿を期待し，デザインを蓄積していくための「アイディア掲示板」を教材として作成した（写真2）。

写真2　アイディア掲示板

黒板に掲示したところ，制作の中でアイディア掲示板を活用する姿がたくさん見られた。また，アイディア掲示板に自分が考えたデザインが掲示されることで自信をもてた生徒もおり，「ぼくが考えたこのデザインは○○さんが好きな秋をイメージして作りました！ぜひみなさんもまねしてください」と自分から紹介することもあった。さらに，作ろうとしているデザインが似ている生徒同士で，考えたデザインを交換する姿も見られた。

4 　評価

（1）評価規準

知識・技能	思考・判断・表現	主体的に学習に取り組む態度
・道具の安全な使い方や工程を覚え，自分に合った道具を使ってグッズ制作を行っている。 ・盛り上げグッズ作りの工程が分かり，自信をもって制作している。	・利用者の方の好みをグッズのデザインに反映するための質問を考えている。 ・アイディア掲示板やインタビュー内容を参考にして，素材の配置やデザインを考えている。	・利用者の方に喜んでもらうことを楽しみにし，利用者の好みを意識して自ら進んでよさこい盛り上げグッズを制作している。

（2）評価方法のポイント

・授業の初めに生徒がオリジナルのデザイン作りを演示する時間を設け，道具を正しく使って分かりやすく説明できているかどうかで評価した。また，毎時間の振り返りで互いの作品を見合う時間を設定し，気付いたことや参考になったことなどをワークシートに記入する活動も取り入れた。記入した内容や発表した内容から知識・技能を評価した。

・思考・判断・表現については，教員から「なぜそのデザインを考えたか」「なぜそのデザインを選んだか」を問われたときに利用者の方の好みに関する発言から見取り，アイディア掲示板に提示することで本人やその他の生徒へフィードバックするようにした。

・生徒Ｖ・Ｗの個人評価に関しては，態度面について友達との関わりのよい場面を取り上げ，本人や周囲に伝えるようにした。

5 単元の指導計画

時	学習内容	学習活動	評価規準
1〜8	●盛り上げグッズ作りに挑戦！	① 各グッズの作り方を体験する。 ② グッズのデザインについて南ガーデンで好みを調査する。	★道具を安全に使い，制作を行っている。知 ★好みをグッズのデザインに反映するための質問を考えている。思
9〜23	●利用者の方が喜んでくれるかな？	③ インタビュー結果を基に，利用者の方が好きな色や形を入れた盛り上げグッズを作る。 ④ 盛り上げグッズを再度南ガーデンへ持って行く。 ⑤ 自分の好みを利用者の方に紹介し，新たなデザインを提案する。	★道具の安全な使い方や工程を覚え，自分に合った道具を使ってグッズ制作をしている。知 ★調査結果を思い出して，どのようなデザインにするかを考えている。思 ★インタビューに答えてくれた方に喜んでもらうために，要望を意識して制作を行っている。態
24〜35	●よさこいを盛り上げよう！	⑥ 利用者の方が好きな物や好きな季節を入れて，よさこい盛り上げグッズとプレゼントを作る。 ⑦ 制作した盛り上げグッズとプレゼントを利用者の方に渡し，一緒によさこいで盛り上がる。	★盛り上げグッズ作りの工程が分かり，自信をもって制作している。知 ★アイディア掲示板や2回目の調査結果を参考にして，素材の配置やデザインを考えている。思 ★利用者の方と盛り上がることを楽しみにしてグッズを制作している。態
36〜39	●よさこい発表ポスターを作ろう！	⑧ 活動報告用のポスターを制作する。 ⑨ 他学年の生徒へ発表する。 ⑩ 次にやってみたいことを考える。	★図や実物を使い，これまでの活動内容を分かりやすくまとめてポスターを作成している。思 ★できるようになったことを生かして次にやってみたいと思っていることを話し合っている。態

6 本時の展開〔第32・33時〕

（1）本時の目標

・インタビューで聞いた利用者の方の好みを基に，うちわのデザインを考えることができる。

（2）本時の展開

学習活動	指導上の留意点	評価規準
導入（10分）　めあてと活動内容を聞き，活動の流れを知る。		
① 挨拶，めあての確認 ② 先生の話 ③ ワークシート記入	・はじめの会（おわりの会）の進行を生徒が行えるよう，原稿を用意する。 ・活動への期待感を高められるように，前時までに出たアイディアを数名の生徒が紹介する時間を設ける。 ・めあてを具体化するために，ワークシート内に利用者の方の名前や好きなものを書く欄を用意する。 ・記入が難しい生徒に対しては教師が選択肢を示したり，生徒の考えを聞き取って代わりに記入したりする。	★今日の活動が分かり，プレゼントする相手や好みをワークシートに書いている。🈚 （ワークシート）
展開（55分）　利用者の方の好みを確認しながらうちわのデザインを考える。		
④ 飾りと配置を考え，うちわをデザイン ⑤ うちわに接着 ⑥ タイトル決め ⑦ 次のうちわを制作	・利用者の方の好みを意識してデザインを考えられるように，机間巡視をしながら「○○さんが好きな△△を入れましたね」と称賛したり，全体に紹介したりする。 ・タイトルを決めることが難しい生徒には，ヒントや選択肢を提示したり，他の生徒のタイトルを紹介したりする。	★利用者の好みを意識し，複数ある飾りの配置を考えてうちわをデザインしている。🈭（発言）
まとめ（15分）　盛り上げグッズを見て，活動を振り返る。		
⑧ ワークシート記入 ⑨ お互いのうちわ鑑賞 ⑩ 頑張り発表 ⑪ よさこい演舞 ⑫ 先生の話，挨拶	・うちわ鑑賞で活発に意見交換できるように，「いいね！」「どうやって作ったの？」と質問し，話しやすい雰囲気をつくる。 ・よさこい披露当日をイメージし，本時の成果を実感できるように，うちわを参観者に持ってもらい，よさこいを踊る時間を設定する。	★自分のデザインに自信をもって紹介したり，頑張ったことを伝えたりしている。🈭（発言，ワークシート）

7　生徒の学びの姿

　南ガーデンへのインタビューを重ね，利用者の方の顔や名前，好みが分かったことで，制作する目的やどんなものを作ればよいかイメージできるようになり，相手を意識して様々なデザインを積極的に考え，発信できるようになった。また，繰り返しの活動で次第に自信が付き，困難な活動に対して粘り強く取り組んだり，自分の学習状況を把握し，学習の進め方について試行錯誤したりする姿が

写真3　生徒の学習の様子

見られるようになった。授業以外の場面でも，友達を褒めたり，認め合ったりするなど，余裕をもって友達と関わるようになった。

（1）生徒Vの変容

初めは利用者の方の好みよりも自分が作りたい物を優先することがあったが，何度も繰り返し訪問する中で，「○○さんに喜んでほしい」という気持ちが生まれた。また，制作活動の中で自分のデザインを友達に褒めてもらうことが増えたことで，自己肯定感が高まり，友達のデザインをまねしたり，難しい活動でも根気強く取り組もうとしたりする姿が見られるようになった。

写真4　制作したうちわ

（2）生徒Wの変容

活動を始めたときには，自分のアイディアが一番優れていることを周りにアピールするような言動が見られた。しかし，アイディア掲示板に自分のデザインが載り，他の生徒が参考にしたり，褒めてくれたりすることが増えたことで，「○○くんのデザインもいいね」と友達のデザインに称賛の言葉をかけられるようになった。また，自分のデザインを参考にしてくれた友達に「こうやると上手にできるよ」と優しく教える姿も見られるようになった。

〈秋田県立比内支援学校：榎本　昌太郎〉

■本事例の授業評価

「交流」をする場合，必ず「相手」が存在する。「相手」がいることにより，その「相手」から児童生徒は，何らかの「評価」を受けることにもなるが，その「評価」は，児童生徒の励みにもなり，また，何らかの「修正」を促す「きっかけ」ともなる。本事例では，福祉施設の利用者にインタビューをして，意図的にその「きっかけ」を授業に取り入れている。生徒も利用者の顔が思い浮かぶことで意欲的に工夫する様子が見られる。

自ら気付き，考える姿を引き出す授業づくり
〜お茶席を開こう〜

▌1　実践の概要

　中学部全員で地域の専門家からお茶の作法や接客を学び，石見もりもり祭（学習発表会）でのお茶席へつなげた単元である。地域の専門家等をモデルとし，作法に則ったお茶点てと，お客様を気持ちよく迎える接客の改善を目指した。タブレット端末等で自らの動きを確認したり，生徒同士が気付きを発表し合ったりする，「友達との気付きの共有体験」を通して，よりよい立ち振る舞いに自ら気付き，考え，課題を改善する姿を引き出す授業づくりである。

▌2　単元の目標

・お茶の作法や接客について関心をもち，お茶席を開くための基礎的な立ち振る舞いを身に付けることができる。**（知識及び技能）**
・友達との気付きの共有体験を通して，よりよい立ち振る舞いに自ら気付き，考え，課題を改善することができる。**（思考力，判断力，表現力等）**
・お茶を飲んでもらった人に喜んでもらえるように，友達と協力しながら様々な課題に挑戦しようとする。**（学びに向かう力，人間性等）**

▌3　単元について

（1）生徒の実態

　本校中学部には12名の生徒が在籍しており（1年生2名，2年生6名，3年生4名：平成30年度現在），中学部全員で作業学習を実施している。平成30年度は，園芸，手工芸，茶道，木工等の単元を設定し，園芸や茶道では地域の専門家を活用した。地域の専門家から学ぶ機会を複数回設定することで，生徒たちは適度な緊張感をもって学び，基礎的な知識や技能を身に付けるとともに，挨拶や報告を適切に行う力が育ってきている。また，「○○さんのようになりたい」という憧れや願いをもちながら学習に取り組んでいる。

　12名の生徒は，言語指示によって内容を理解し活動に取り組める生徒から，視覚的支援や経験によって学習の見通しをもてる生徒まで実態は様々であり，実態に応じた課題設定や支援が必要な生徒たちである。積み重ねによって見通しや目標をもつことができる生徒が多く，上級生や地域の専門家といった手本となる存在を目指しながら学びを深めている。「仕事」や「働くこと」のイメージは様々ではあるが，「憧れ」や「喜んでもらう経験」を意欲につなげることで，家庭生活や将来の職業生活に係る力を付けていける生徒たちである。

対象生徒Qは視覚的支援（イラスト等）を取り入れた説明や経験則，周囲の動きを手掛かりにして，様々な作業学習に主体的に取り組んでいる。他者と関わりながら作業学習を進めたいという思いが強い一方，言語理解・意図理解の弱さ，発音の不明瞭さ等により，互いの思いが伝わりにくかったり，求められる活動にズレが生じたりすることがある。それに気付くと，気持ちが不安定になり，行動や気持ちの切り替えに時間がかかる。

生徒Qの発達の状況を把握するために，行動観察及び新版K式発達検査2001を実施した。発達の凸凹が見られ，学習の積み重ねが効果的であること，モデルの模倣・再生が期待できること，対の関係をもった対比的な認識・比較判断・選び取りができることなどが強みであった。一方，言葉の指示・意図理解，「できる－できない」等の2軸の思考になりやすい傾向になること等の結果も見られ，これらは行動観察ともほぼ一致した。そこで，実態に合わせた支援や「友達との気付きの共有体験」を工夫することで，自らの立ち振る舞いに気付き，考え，改善しようとする姿が引き出せるのではないかと考えた。

（2）題材の設定

「お茶席」は飲んでもらう相手を考えながら，一定の作法に則って一連の動作をするお茶点てと，お客様を気持ちよく迎える接客で成り立つ。「お茶点て」は，茶席に入る前の礼，袱紗で道具を拭く，お茶碗に湯通し，道具を使用してお茶を点てる等，一定の手順があり，全体像を把握しやすい。生徒の実態に応じて，手順を省略し，気付きを促す「チェックポイント」を絞れば，生徒一人一人が課題に気付き，考え，改善する姿を引き出しやすい。「接客」も同様に，焦点を絞ることで気付きが促され，期待する姿が引き出せると考えた。

12名の生徒は，これまで様々な場面で接客を経験し，お客様とのやり取りの中で達成感や成就感を得ている。生徒同士の模擬茶会，保護者への披露会，石見もりもり祭でのお茶席につなげながら単元構成をすれば，向かう先のイメージをもちやすく，意欲的に取り組める題材である。また，中学部目標のキーワードである「友達」「協力」「挑戦」に係る主体的な態度を引き出しやすいと考えた。生徒Qは，単元当初「家族においしいお茶を飲んでもらいたい」という思いをもちながら活動に取り組み始めたため，見通しや目的意識をもちやすく，将来の職業生活への工夫の意欲付けにもつながる題材と考えた。

（3）教材・教具の工夫

生徒Qの実態把握から得られた強み・弱みを参考にして，教材・教具を工夫した。生徒Qへの支援は，他の生徒にとっても有用な支援になると考えた。

① 気付きを促すチェックポイントの提示

単元カレンダー，一連の作法の図式化だけでなく，生

写真1　チェックポイント

徒の実態に応じ，気付きを促すチェックポイントを提示した（写真1）。生徒Qには抽象的な項目を削除し，一学習に一つのチェックポイントを示し，振り返りを促すようにした。

② ICTを活用した気付きの共有体験

気付きを促せるように，活動の様子をタブレット端末で動画撮影し，地域の専門家の手本写真と自分の静止画を見比べられるようにした（写真2）。グループでの振り返りの際には，タブレット端末の動画を大型テレビに映し出した。個々のチェックポイントに照らし，画像から気付いたことを生徒同士が発表し合うことで，気付きを促すようにした（気付きの共有体験）。生徒同士の発表においては，肯定的な言葉かけ（「○○するといいよ」）をするルールを提示し，生徒たちが前向きに気付き・考え・改善に取り組めるようにした。

写真2　ICTを活用した気付きの共有体験

③ 地域の専門家等，周囲の人材の活用

地域の専門家は生徒たちにとって憧れの存在である。地域の専門家を身近なモデルとすることで，目指す立ち振る舞いを明確にするとともに，「○○さんのようになりたい」という憧れの気持ちを育てるようにした。地域の専門家に評価してもらう場面だけでなく，生徒同士の模擬茶会での評価，参観日における保護者への披露会，石見もりもり祭でのお茶席により，認められる機会を段階的に設定するなど，周囲の人材を活用することにした。

4　評価

（1）評価規準

知識・技能	思考・判断・表現	主体的に学習に取り組む態度
・お茶の作法や手順やお客様にとって気持ちのよい接客を理解している。	・手本と映像を見比べたり友達の意見を聞いたりすることで，よりよい立ち振る舞いに自ら気付き，考え，改善している。	・お客様に喜んでもらえるよう，友達と協力しながらお茶の作法や接客のよりよい立ち振る舞いの改善に挑戦しようとしている。

（2）評価方法のポイント

・生徒の実態に応じて，お茶の作法や接客のチェックポイントを設定し，生徒一人一人がするべきこと，気を付けること，振り返るポイントを明確にし，評価につなげる。

・「地域の専門家や教員の手本を見る→個々のチェックポイントによって気を付けるべき立ち振る舞いを明確にする→生徒が実践（動画撮影）→チェックポイントを基に個々で振り返る→グループで振り返る→気付き→自分で考える→気付きを改善につなげる」サイクルの中で，教員が観察をし，評価につなげる。

・3〜4名のグループで振り返りをする。グループの担当教員が個々の気付きを基にチェックポイントの可否を確認し，できたポイントに「できたねシール」を貼る。

5　単元の指導計画

時	学習内容	学習活動	評価規準
1〜2	●お茶を点ててみよう	①　自分たちでお茶を点てて飲む。 ②　感想・気付きの発表。	★お茶の正しい点て方や作法を知る必要性を感じている。知
3〜4	●地域の専門家に教えてもらおうⅠ	③　地域の専門家からお茶の点て方や作法のポイントを教えてもらう。 ④　お茶を点てる練習。 ⑤　グループで振り返り。	★お茶の作法を理解している。知 ★外部専門家と同じようにお茶を点てたいという思いをもっている。態
5〜12	●お茶の点て方を練習しよう	⑥　地域の専門家に教えてもらったポイントを思い出し、お茶を点てる練習をする。 ⑦　グループで振り返り。	★正しい作法を理解している。知 ★手本の写真と自分の姿を映し出した静止画像を見比べ、自己のよさや課題に気付いている。思 ★自らのお茶の点て方を改善しようとしている。態
13〜14	●地域の専門家に教えてもらおうⅡ	⑧　地域の専門家にお茶の入れ方を見てもらう。 ⑨　お茶席の接客のポイントを教えてもらう。 ⑩　グループで振り返り。	★接客のポイントを理解している。知 ★手本の写真と自分の姿を映し出した静止画像を見比べ、自己のよさや課題に気付いている。思 ★お客様が喜ぶ接客をしたいと思っている。態
15〜26	●お茶席を開こう	⑪　お茶席のイメージをもって接客をする（模擬茶会、参観日での保護者への披露会、石見もりもり祭予行練習）。 ⑫　石見もりもり祭で接客をする。	★自分の役割を理解して活動している。知 ★学習をしたことを基に、状況に応じて接客をしている。思 ★お客様に喜んでもらえるような接客をしようとしている。態
27〜28	●振り返り	⑬　お茶席の振り返り。	★学習を振り返り、次の学習に意欲をもっている。態

6　本時の展開〔第9・10時〕

（1）本時の目標

・自分のチェックポイントが分かり、見通しをもって取り組むことができる。

・友達との共有体験を通して、自分の課題に気付くことができる。

・友達と協力しながら、お茶の作法を改善しようとする。

（2）本時の展開

学習活動	指導上の留意点	評価規準
導入（10分）　学習の予定を知ろう。		
① 学習予定を確認する。 ② お茶を点てるポイントを確認する。	・お茶を点てるポイントが分かるように，手本やイラストを示したり，端的な言葉がけをしたりしながら教員と一緒に確認する。	★作法の手順や自分のチェックポイントを理解している。知（発言）
展開（70分）　お茶を点てよう。振り返りをしよう。		
③ お茶を点てる練習をする。 ④ グループで振り返りをする（一人ずつ）。 ⑤ お茶を点て，友達に飲んでもらう。 ⑥ グループで振り返りをする（一人ずつ）。 ⑦ 全体で振り返り。	・意識する動作が明確になるように，教員と一緒に，写真やイラストでチェックポイントを事前確認する（お盆に置く，礼，畳の入り方，座り方，粉の入れ方，柄杓の持ち方等）。 ・行程が分かるように，手本を示す。 ・自分の動きが振り返られるように，タブレット端末で動画を録画する。 ・よさや改善点に気付けるように，自分の動画と外部専門家の手本となる写真を見比べられるようにする。 ・前向きな振り返りになるよう，友達への言葉がけのルールを提示する。 ・チェックポイントの可否を教員と確認し，シールを貼る。	★自分のチェックポイントを理解している。知（発言） ★自分の動画と手本を見比べたり，友達の気付きを聞いたりして，自分のよさや改善点に気付いている。思（発言，表情，行動） ★友達からの言葉がけを受けて，改善しようとしている。態（発言，ワークシート）
まとめ（10分）　感想を発表しよう。次回の予定を確認しよう。		
⑧ 全体で感想を発表。 ⑨ 次回の予定を確認。	・生徒の感想に対して，共感したり称賛したりすることで，次回への学習意欲を高める。	★自分から感想を伝え，次回の学習に意欲をもっている。態（発言，ワークシート）

7　生徒の学びの姿

（1）児童生徒が「主体的に学習に取り組む態度」（観点別評価）

① 気付きを促すチェックポイントの提示

　何を意識しどう取り組むのか等，課題の意図を理解することが難しい生徒Qに対し，チェックポイントを一つに絞ったことで，振り返りの視点が明確になり，立ち振る舞いの気付きを促しやすくなった。チェックリストに「できたねシール」を貼ると，グループの友達とハイタッチをしながら笑顔を見せる場面が随所に見られた。

② ICTを活用した気付きの共有体験

　タブレット端末や大型テレビを活用して，自分の姿を客観的に捉えられるようにしたことで，「畳は右足から入る」など，気付いたことを指差しや動作によって友達に伝えることができた。接客「お茶の出し方」の場面では，先輩から「お盆の位置を高くしたほうがよい」と言葉や実際の動作・見本によるアドバイスを受けると，タブレット端末の動画を見返し，自らがお盆を持つ位置が低いことに気付き，納得し，笑顔で修正することができた。

友達と気付きを共有することで，自ら気付き，考え，立ち振る舞いを修正する姿につながった。

③　地域の専門家等，周囲の人材の活用

生徒Qは身を乗り出し，「すごい！」と言いながら，地域の専門家がお茶を点てる様子を見ていた。地域の専門家が生徒Qの目指す姿となり，意欲向上の一助となった。また，様々な場面でお茶点てや接客をしたことで，「家族においしいお茶を飲んでもらう」という目的も達成し，成就感や自信を得ることができた。

写真3　身を乗り出しお手本を見る生徒

（2）児童生徒の成長の様子（個人内評価）

生徒Qは行動の修正を求められると，気持ちや行動の切り替えができにくい様子があるが，様々な工夫を行うことで，他者のアドバイスを受け入れようとする柔軟性が見られた点は，大きな成長であった。周囲の友達から「前回は○○だったけれど，よくなったね」と声をかけられたり，一緒に振り返ったりするという，「友達との気付きの共有体験」は，友達と協力しながら，様々な課題に挑戦しようとする態度を引き出す原動力となった。

〈島根県立石見養護学校：菅原　貴行〉

■本事例の授業評価

「お茶を点てる」という，はっきりとした手順のある課題に対して，ICTを活用し，自分の姿や動作を客観的に見られるようにしたことは，行動の修正や自己評価には有効である。本事例ではそれに加え，その画像を生徒同士で見合うことにより，「気付きを共有化」している。そのことにより，多くの視点から多角的に評価できるというだけでなく，その評価が，生徒たちにとってより理解しやすく，受け入れやすいものとなったのではないか。

主体的な活動を促す国語科学習指導
～単元「脚本を読もう」における取組～

1　実践の概要

　高等部1年生を対象とした国語科の場面において，脚本を読む指導をしている。「対話的な学び」及び「深い学び」に重点を置いており，グループ活動における比較や検討を基に音声表現をすることを通して，考えを深めることができるように工夫している。また，自分と先輩の音読を動画で比較する活動を設定すること，学校行事を踏まえ時期を捉えた単元設定をすることで，「主体的に学習に取り組む態度」を引き出すことに取り組んだ実践である。

2　単元の目標

・言葉のまとまりやせりふの意味を意識して音読することができる。**（知識及び技能）**
・相手に伝わる発声や発音，言葉の抑揚や強弱，間の取り方などの読みの工夫について知り，学んだことを実践することができる。**（思考力，判断力，表現力等）**
・登場人物の動きや感情，場面の変化を読み取り，音読の際に表現することができる。
　（思考力，判断力，表現力等）
・役を演じる楽しさを知り，よりよく演じようと工夫する。**（学びに向かう力，人間性等）**

3　単元について

（1）生徒の実態

　本学級は高等部1年生男子6名，女子4名で構成されている。明るく前向きな雰囲気で学習活動を行うことができており，苦手なことにも互いに励ましの言葉をかけ合いながら取り組む姿が見られる。言葉の理解，漢字の読み書き，文章の読解，他者とのやり取り等の実態は様々であるが，「職業的自立及び社会参加を実現する人間の育成」をミッションに掲げる本校における実践的な国語の学習活動に，全員が意欲的に取り組んでいる。

　本学年では，これまでにスピーチ，漢字の読み書き，辞書の使い方，挨拶の学習を行ってきた。スピーチの学習や学級内での発表の場面において，適切に抑揚を付けたり間を取ったりすること，口を開いて一音一音を正しく発音することが難しい様子が全体的に見られた。

　スピーチの学習においては，話し方と聞き方についての評価の観点を示し，自己評価で振り返りをするとともに，友達の発表の評価も行う活動を設定した。また，挨拶の学習では，既習の挨拶のポイントをそのまま評価の観点とし，十分な練習時間を設定した上で実技試験を行った。即時評価をし，その場で生徒に還元した。

そのような実態の見取りにおいて，生徒Xは声がいつもより小さくなり，早口になる様子があった。また，周囲を見回したり指示の途中で活動を始めたりするなど，落ち着かない様子を見せた。その結果，スピーチの学習においても挨拶の実技試験においても，評価は相対的に低いものとなった。自己評価も低く，感想を聞くと「なんか笑ってしまう」との発言があった。忘れ物等で指導を受ける場面でも同様の様子があり，改まった場面での緊張が原因ではないかと想定できた。

（2）単元の設定

適切な発音や場に合った発声の力は，職業人として社会で多くの人と関わる上で必須の力である。また，どのような場面においても相手に伝わるように意識して話すことは，人との関わりを円滑にするために必要である。生徒Xをはじめ，本学級の生徒が職業的自立と社会参加を実現するために，自らの意思で発音や発声を調整し表現できるようになることは極めて意義のあることであると考える。

本校では11月に文化祭が行われる。1年生はステージ発表において全員参加の劇に取り組むこととなっている。この時期に，脚本の読み方の基礎，発音や発声の重要性，せりふやト書きから心情や場面の変化を読み取る方法等の知識及び技術を得た上で，発音や発声を調整し表現する練習を行うことは，初めての大舞台に挑む生徒たちにとって大きな安心材料となるであろうと思われる。生徒の自己肯定感を高めるためにも有意義な学習であると考え，本単元を設定した。

（3）教材・教具の工夫

初めて取り組むことや難しそうに感じられることに対して苦手意識をもちやすい生徒たちなので，生徒の「難しそうだけどやってみたい」という気持ちを引き出す工夫が必要である。また，自身の取組と比較し評価することで到達度が分かるように，ゴール像を明確に示すことが大切であると考え，教材・教具を選定した。

自身が早口になったり不明瞭な発音をしたりしていることは，客観的に捉えにくいものである。そこで，生徒の音読の様子を撮影し，動画を視聴することとした。その際，同じ脚本を3年生に演じてもらった動画を見せて比較できるようにした。3年生にはせりふを上手に読むポイントについてのクイズ出題や後輩へのエールの撮影も協力してもらった。

写真1　先輩からのクイズ動画

音読のめあてを自分でつくる活動，音読を評価する活動では，グループでアドバイスし合ったり評価を確認し合ったりしやすいようワークシートを工夫した。

また，文化祭で用いる脚本の一部を登場人物の動きや感情，場面の変化を読み取る活動

の教材として用いる。この脚本も，言葉や行動が荒く，会話の行き違いから友人とのトラブルが絶えない本学年の生徒の実態を踏まえ，SNSでのトラブルを題材として新たに執筆した。日常と大きく乖離しない設定の脚本であれば，内容の読み取りも比較的容易である上，改まった場面で緊張し

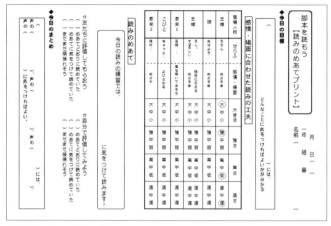

写真2　ワークシート

がちな生徒も感情を込めた音読がしやすいと考えた。脚本は総ルビとし，漢字の読みに自信がなく声が小さくなりがちな生徒が，自信をもって取り組めるようにした。

　全ての授業において，プレゼンテーション資料，動画，写真，具体物など視覚的に提示し，イメージをもちやすいようにする。話合いやグループ活動などの手順は明示し，確認しながら活動を進められるように配慮するものとする。

4　評価

（1）評価規準

知識・技能	思考・判断・表現	主体的に学習に取り組む態度
・言葉のまとまりやせりふの意味を意識して音読している。	・相手に伝わる発声や発音，言葉の抑揚や強弱，間の取り方などの読みの工夫について知り，学んだことを実践している。 ・登場人物の動きや感情，場面の変化を読み取り，音読の際に表現している。	・役を演じる楽しさを知り，よりよく演じようと工夫している。 ・グループでの話合いで出された意見を取り入れ，よりよい表現をしようとしている。

（2）評価方法のポイント

・グループで短い脚本を演じ，それを動画で撮影することで，客観的に自分たちの音読を確認することができるようにする。

・ワークシートにその日の読みのめあてを記入し，友人からの評価と自己評価を書き込めるようにする。

・単元の最初と最後で撮影した動画を見比べて，自己の学習の振り返りを行うことができるようにする。

5 単元の指導計画

時	学習内容	学習活動	評価規準
1	●脚本の構成（せりふ，ト書き） ●脚本の音読	① 短い脚本から，時，場所，登場人物の人数，せりふ，ト書きを読み取る。 ② グループに分かれ，短い脚本の音読練習を行い，発表する。	★時，場所，登場人物の人数，せりふ，ト書きを読み取っている。[知] ★与えられたせりふの意味を理解して音読している。[知]
2	●見ている人に伝わる表現の在り方 ●読みの工夫（声の大きさ，強さ，高さ，速さ） ●感情や場面に合った読みの工夫	③ 前時の音読の動画と３年生のお手本動画を視聴し比較する。 ④ 読みの工夫について知り，自分のせりふに合う工夫を考える。 ⑤ 音読練習を行い，同じ役をする友達と工夫の評価をし合う。	★感情や場面に合った読みの工夫について考え，選び取っている。[思] ★考えた読みの工夫を音読で表現している。[思]
3〜7	●登場人物の関係や場面，感情を踏まえた音読 ●自分及び他者の読みの工夫についての評価 ●複雑な場面の読み取り ●感情や場面に合った読みの工夫	⑥ 本時の脚本の通し読みを全員で行い，配役決めを行った後，各自の読みのめあてを立てる。 ⑦ 各自のめあてに沿った音読練習を個人，グループで行い，発表する。 ⑧ 動画を視聴し，自分と友達がめあてに沿った読みができていたかを評価する。	★役を演じる楽しさを知り，友達の評価や意見を取り入れ，よりよく演じようと工夫している。[態] ★めあてに沿った読みをしている。[思] ★動画を基に，読みの実態を的確に評価している。[思]
8	●単元における自己の学習の振り返り ●文化祭ステージ発表に向けての目標	⑨ 単元の最初と最後で撮影した動画を比較し，音読の工夫や取組の姿勢等の違いを考える。 ⑩ 文化祭ステージ発表に向けての目標づくりを行い，発表する。	★自分の成長に気付き，学習プリントに書き表している。[思] ★次の目標に向け，よりよく演じたいという気持ちをもち表現している。[態][思]

6 本時の展開〔第2時〕

（1）本時の目標

・前時の動画と３年生のお手本動画とを見比べて，違いに気付き述べることができる。

・読みの工夫について知り，自分のせりふの感情や場面に合った読みの工夫について考え，選び取ることができる。

・考えた読みの工夫を音読で表現することができる。

（2）本時の展開

学習活動	指導上の留意点	評価規準
導入（15分）　見ている人に伝わる表現の在り方		
①　前時の音読の動画と3年生のお手本動画を視聴し比較する。	・「見ていてどちらが面白かった？」「どうして面白かったのだろう？」等，観客の存在と観客に伝わる表現を意識できるように発問を行う。	★二つの動画の表現の違いに気付いている。**知**（発言）
展開（30分）　読みの工夫（大きさ，強さ，高さ，速さ），感情や場面に合った工夫		
②　読みの工夫について考える。	・感情を込めてせりふを読む工夫について主体的に考えることができるように，3年生の動画を用いて発問を行う。	★3年生の動画を基に考えている。**知**（発言）
③　自分のせりふに合う工夫を考える。	・登場人物の感情や年齢，立場や性別及び場面によって工夫が変わることに気付けるように，王様と娘のせりふを同じように読んで聞かせ，違和感をもたせる。 ・生徒がよりよい工夫を考えられるように，生徒が選んだ「大・強・低・遅」などの読みを示範してみせる。	★感情や場面に合った読みの工夫について考え，選び取っている。**思**（ワークシート）
④　音読練習を行い，同じ役をする友達と工夫の評価をし合う。	・評価者が読みの工夫で注目するポイントが分かりやすいように，ワークシートに明示する。	★考えた読みの工夫を音読で表現している。**思**（発言）
まとめ（5分）　本日の活動の振り返り		
⑤　本日の活動を振り返り，次時の活動について知る。	・読みの工夫の重要性を再確認できるように，3年生の答え動画を用いる。 ・次時からの活動に前向きに取り組む気持ちを引き出せるように，3年生のメッセージ動画を提示する。	★読みの工夫の四つを想起している。**思**（発言）

７　生徒の学びの姿

　本単元において，互いの読みについてアドバイスをし合ったり，工夫して読めた友人を褒めたりするなど，生徒たちが主体的に学習に取り組む姿が随所に見られた。また，音読練習の時間を延ばしてほしいと要請してくるなど，よりよい読みのために粘り強く取り組む姿も見られた。

　単元の初めには照れくさそうに教室の端に立って音読をしていた生徒Ⅹは，3年生の動画に

写真3　読みの工夫の話合いの様子

大いに刺激を受け，第2時の中盤からは読みの工夫についてグループで真剣に話し合ったり，よりよい工夫を考えワークシートを書き換えたりする姿が見られた。第3時の音読発表では，自らグループメンバーの真ん中に立ち，発表に臨んだ。せりふを覚えることが難しく二度間違ったが，「もう一度お願いします」と自ら願い出て，三度目は脚本を見ながらではあったが自分なりの工夫を凝らした読みを発表することができた。

文化祭ステージ発表の脚本読みに入ると，控えめにではあったが「きよしの役がやりたい」とせりふの長い難しい役を演じたいという気持ちを述べた。複雑な場面から気持ちを読み取り考え，それに合った工夫を選び取り，演じることができた。

単元の振り返りでは自身の動画の比較をし，自らの変化に気付き評価することができた。

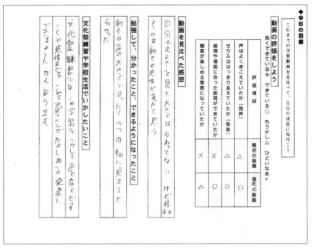

写真4　生徒Xの振り返りの記述

「動きや声の大きさでまったくべつの物に見えると分かった」

「文化祭練習ではこの学習をいかして声を大きくだすことや感情などをこめてお客さんがたのしめる発表にできるようにがんばります」

と，表現の工夫の有無の違いに気付き，伝える相手を意識した上で今後の学習への意欲を書き記すことができた。

〈福岡県立特別支援学校「福岡高等学園」：柏木　美樹子〉

■本事例の授業評価
「学習指導」と「学習評価」は，カリキュラム・マネジメントの中核である。本事例でも，「脚本を読もう」という単元は，その前の「スピーチ」や「挨拶」の単元の「学習評価」に基づいて，「学習指導」の改善がなされている。本事例の生徒Xも，その前の単元の「評価」を受けて，「見本の動画」や「ワークシート」の工夫がなされた結果，「難しそうだけどやってみたい」という気持ちになり，難しい役への挑戦に結び付いたのである。

「ななこリーダーミーティング」を通して，生徒主体のコース運営を深化させよう
～「ななこリーダーミーティング」から全ての学びが見えてくる～

■1　実践の概要

　開校3年目の本校では「働く力を育てる学び」において，カフェ運営を中心とした3部門7職業コースの実習を行っているが，特徴は各コースが連携し，関連し合いながら，お客様をおもてなしするための様々なサービスを提供している点にある。「ななこリーダーミーティング」（以下，「ななこミーティング」という）は，そのコース運営を生徒たちが行っていくために各コースの代表生徒が月末に一度，自分が所属するコースの取組や各コースへの要望などについて意見交換を行う場である。

■2　単元の目標

・議題を「決定・話し合って生み出す・持ち帰る」の3パターンで整理する会議運営の方法を理解できる。**（知識及び技能）**
・コース間，部門間にわたる業務依頼，発注・受注・納品などの経験を積み重ねることで，「ななこミーティング」の共同運営会社化（発注・受注の中間に入札を組み込むシステム）をすることができる。**（思考力，判断力，表現力等）**
・経験や既習を活用し，「どうすればできるか」という視点で建設的に話し合い，具体的な取組・実践に向けて思考しようとする。**（学びに向かう力，人間性等）**

■3　単元について

（1）生徒の実態

　3学年の職業コースは，カフェ運営部門（センターコース9名，キッチンコース10名，サポートコース5名），生産部門（ファームコース7名，工房コース8名），外部サービス部門（クリーンアップコース7名，エコサイクルコース7名）の53名で構成されている。そのうち「ななこミーティング」のメンバーは，各コースの代表1名（工房コースは2名体制）の8名で構成されており，各メンバーは，生徒主体のコース運営を積み重ねて2年目ということもあり，所属コース以外の取組もおおよそ理解しており，互いの持ち味を引き出し合いながら「今どうすべきか」「次に何ができるか」について意見を出し合い，本校で大切にしている「おもてなしの心」と「感謝の気持ち」を柱としながら議論することができるレベルである。

　司会進行を担当するサポートコースの代表は，7職業コースの実習内容をホームページに公開する記事作成の取材を通して，それぞれのコースの専門性や強みを理解している。また，議題を整理する段階で，①スピード感をもってこの場で解決できるもの・すべき内

容であるか，②その場で話題を広げて協議することで何かを生み出す可能性がある内容であるか，③所属コースに持ち帰ってコース内で検討する内容であるか，の３パターンで捉えながら全体の合意形成を図ることができるよう努力している。

工房コースの代表は，自分の経験や既習の振り返りを活用しつつ，新しく柔軟な発想を加えながら「何ができるか」「どうすればできるか」という視点で建設的に考えることができるので，所属コースの持ち味や強みを発揮させながら，分担・協働・コラボレーションして実践できるアイデアを出せるように努力している。

（2）取組の設定

本校では，勤労の意義について理解するとともに，職業生活に必要な能力を高め，実践的な態度を育てるために，「働く力を育てる学び」として，３学年では，教科「職業」の時間を職業基礎（週２時間）とコース実習（週13時間）として実施，また学校での学びの成果を企業等で確かめたり，企業等の力を借りて協働して生徒を育てたりする「協育実習」（各教科等を合わせた指導）を行っている。

このうちコース運営は，校内で行われるコース実習の時間に展開され，各コースではメンバーと共に当月の実習内容を振り返り，実習報告をまとめ，よりよいコース運営のためにできることを思考・発表・共有する時間を設けている。その過程で他コースとの連携業務や他コースへの業務依頼などをより円滑にかつ充実させるためには，コース間でつながって情報交換する場が必要だという生徒からの発案を実現する形で七つのコース代表が集まって話し合う「ななこミーティング」を実施することとした。

所属コースを代表して意見を述べることや，コース運営を左右する意思決定の場に参加することは，責任感や達成感を感じるために非常に重要であり，他コースから受注を受けることによりコース間の協働が促され，７コースのつながりをより強く感じることができると考える。また，発注・受注業務及びその中間に入札・落札を組み込む対話によって，自分たちが主体的にコースを運営していることを実感でき，さらには，会議の運営方法を学ぶことで話合いのマナーや参加姿勢などについてもアプローチすることができるはずである。

まさにこの取組は，生徒が主役の主体的・対話的で深い学びそのものであると考えられることから，この題材を設定した。

（3）教材・教具の工夫

「ななこミーティング」は，毎月末のコース実習の１時間を使って行っており，実習内容報告提出，コース間の情報共有，協議・意思決定，各コースに持ち帰ってコース内の意見集約，受注・発注，受注業務進捗状況報告，業務依頼完了へのお礼など，活発な対話を繰り広げている。終了後は所属コースへの報告，情報共有，コース内での協議などを行い，「ななこミーティング」と各コースが双方向のやり取りになるように取り組んでいる。

これらのやり取りを円滑に行うために欠かせないのが「タブレット端末」である。本校では入学時に一人１台購入してもらい，主に各学習の振り返りと気付きを整理するアイテ

ムとして活用している。

「ななこミーティング」に向けた各コースの準備としては，①実習報告記入用のタブレット端末シート，②他コースに依頼したいこと（連携業務や業務依頼）記入用のタブレット端末シート，に各コースで打ち合わせた内容を事前に打ち込んでくるようにしている。「ななこミーティング」では，②の後半部分に他コースから業務依頼（発注）されたことを打ち込んだり，板書を写真撮影してシートに貼り付けたりして，それを所属コースに持ち帰り，担当教員やコースメンバーへの報告，情報共有する際に活用している。

写真1　実習報告記入用のタブレット端末シート

また，その場で資料整理・データ化・写真撮影及び編集をして会議録の作成業務を担当する生徒を「新聞記者」として特命し，「ななこミーティング」終了後には「ななこのかわら版」を共有フォルダにアップしている。全教員・全生徒が開いて見ることができるた

写真2　ななこのかわら版

め，情報共有の一助となっている。「ななこのかわら版」を印刷・掲示することで来校者への情報発信にもつなげている。

4　評価

（1）評価規準

知識・技能	思考・判断・表現	主体的に学習に取り組む態度
・多様な情報を収集している。 ・目的や意図に応じて考えたことや伝えたいことなどを的確に話している。	・相手の意図を考えながら聞き，互いの考えを比較したり，判断したり，表現したりしている。	・テーマに沿って主体的に話し合い，共に考えを創り上げようとしている。

（2）評価方法のポイント

・観点別評価の方法としては，互いの考えを伝え合い，自らの考えや集団の考えを発展させようとすることができたか，表情や発言から評価する。ただし，この単元で完結するものと捉えた評価ではなく，翌月のカフェ運営に向けてそれぞれのコースがどう関わっていくかを考えて，実践することができたときに評価することができると考える。

・個人内評価の方法としては，話を聞く態度，相手に伝わりやすい言葉で表現することができたか，参加態度や発言内容などから評価する。ただし，この単元で完結するものと捉えた評価ではなく，内面の変容がもたらす振り返りの質的変化が見られたときに評価することができると考える。

5 単元の指導計画

時	学習内容	学習活動	評価規準
1	●実習内容報告の提出方法を確認 ●今年度のななこの在り方や具体的取組の検討	① 実習内容報告の方法を聞く。 ② 言語活動。	★多様な情報を収集している。**知** ★相手の意図を考えながら聞き，互いの考えを比較・判断・表現している。**思** ★主体的に話し合い，共に考えを創り上げようとしている。**態**
2	●具体的取組の試行 ●実習内容報告提出 ●発注・受注・納品，全体に関わる提案等	③ 具体的取組の試行。 ・コース長が司会進行 ・新聞記者担当制度導入 ④ 実習内容報告の提出。 ⑤ 言語活動。	★目的や意図に応じて考えたことや伝えたいことなどを的確に話している。**知** ★相手の意図を考えながら聞き，互いの考えを比較・判断・表現している。**思** ★主体的に話し合い，共に考えを創り上げようとしている。**態**
3	●実習内容報告提出 ●発注・受注・納品，全体に関わる提案等	⑥ 実習内容報告の提出。 ⑦ 言語活動。	★目的や意図に応じて考えたことや伝えたいことなどを的確に話している。**知** ★相手の意図を考えながら聞き，互いの考えを比較・判断・表現している。**思** ★主体的に話し合い，共に考えを創り上げようとしている。**態**
4 〜 9	●実習内容報告提出 ●発注・受注・納品，全体に関わる提案等 ●議題を三つに整理した会議運営	⑧ 実習内容報告の提出。 ⑨ 言語活動。	★目的や意図に応じて考えたことや伝えたいことなどを的確に話している。**知** ★相手の意図を考えながら聞き，互いの考えを比較・判断・表現している。**思** ★主体的に話し合い，共に考えを創り上げようとしている。**態**

6 本時の展開〔第6時〕

（1）本時の目標

・多様な情報を収集し，目的や意図に応じて考えたことや伝えたいことなどを的確に話すことができる。

・相手の意図を考えながら聞き，互いの考えを比較・判断・表現することができる。

・テーマに沿って話し合い，共に考えを創り上げようとする。

（2）本時の展開

学習活動	指導上の留意点	評価規準
導入（5分）　本時の学習内容を知る。		
① 号令をする。 ② 本時の内容を知る。	・挨拶担当を指名。 ・本時の目標を確認。	★多様な情報を収集している。**知**（表情）
展開（40分）　ななこミーティング		
③ 各コースからの報告。 ④ 他コースへの業務依頼（発注）。 ⑤ 他コースからの業務依頼（受注）をタブレット端末シートに記入。 ⑥ 複数または全コースにまたがる内容を「ななこミーティングmemo」に記入。 ⑦ 確認。 ⑧ 議題を3パターンで整理し、全体で合意形成を図る。 ⑨ 「決（決定）」「話（話し合って生み出す）」「も（持ち帰る）」のカードを貼る。	・依頼内容を板書。 〔板書の工夫〕 　黒：自コースの報告、アピール。 　青：他コースへの業務依頼、発注。 　赤：全コースにまたがること（ななこミーティングmemo）。 ・司会生徒のサポート。 ・新聞記者担当生徒との連携。 ・発注の個数や納期が不明な場合は質問を投げかけて情報整理。 ・議題整理のときに、話し合って生み出す可能性があるポイントを抽出し、司会生徒を中心に協議。	★目的や意図に応じて考えたことや伝えたいことなどを的確に話している。**知**（発言） ★多様な情報を収集している。**知**（タブレット端末シート） ★相手の意図を考えながら聞き、互いの考えを比較・判断・表現している。**思**（様子） ★主体的に話し合い、共に考えを創り上げようとしている。**態**（様子）
まとめ（5分）　振り返り　キーワードとコースへ報告する内容の確認		
⑩ キーワードの確認。 ⑪ 各コースへの報告事項を整理。	・本時を振り返り、キーワードを探って提示。 ・コースの実習担当の教員やメンバーに報告することを確認。	★多様な情報を収集している。**知**（タブレット端末シート）

７　生徒の学びの姿

　第6回目の本単元では、エコサイクルコース長から「エコサイクルコース内では、他のコースとつながって何かできないか考えているので、意見をいただきたい」という発表があった。これに工房コース長が呼応し、「工房コースでは、牛乳パックを再利用して紙すきによる卒業証書作りを考えているので、エコサイクルコースで給食の牛乳パックを各クラスから回収してもらえないだろうか」という

写真3　「ななこミーティング」の授業風景

提案があった。これに対してキッチンコース長が「カフェメニューの提供の際に、牛乳を使っているので、牛乳パックを洗ってまとめているが、紙すきで使用する場合は、外側の紙をはがさないと使えないと聞いたことがある。そのままでは使えないかも……」と意見があった。このタイミングで、司会のサポートコース長が「取りあえずキッチンコースか

らエコサイクルコースに牛乳パックを納品してもらい，後はエコサイクルコースと工房コースで相談してもらおう」とまとめた。サポートコース長は，各コースからの要望や意見を整理し，各コースに持ち帰って検討してもらうところまで意見をまとめることができたのである。

　今回の議論では，発注・受注・納品が一対一のコース間のやり取りで完結するものは，ゴールが見えやすく分かりやすいが，そこに「入札」を加えることにより一気に可能性が広がることが示された。そして，対話が深まることで授業者の想像がつかないような新しいゴールが生み出され，前例のない斬新な発想が出てくることが分かった。さらに「かわら版」を作成した生徒から「今回の『ななこミーティング』では風が吹きました」と興奮した様子で報告があり，かわら版のタイトルを「ななこ2019の風になれ！」「今月のななこは神回」と命名したことからは，生徒たちの中にも確かな手応えがあったことがうかがえる。

　この単元を設定するに当たり，授業者が想定する以上の生徒同士の学び合いが展開されるかもしれないという期待感はあったが，ここまでの成果を得られるとは考えていなかった。それは，生徒たちの議論から授業が展開し，可能性が広がっていくというこの新しい学習のスタイルの中に，本校の教育活動全体を通して行ってきたこれまでの学びの積み重ねが凝縮されているからこそ得られたものであると実感している。

　1回の授業で完結するのではなく，授業の展開によって次の授業へ柔軟につなげたり，1回の授業での評価だけでなく，生徒の内面の変容の積み重ねから，自分を振り返る際の見方・考え方の広がりや深まり，表現の仕方が変わってきたというような「小さな変化」を積極的に評価したりすることなど，本校が大切にしていることを追求し続けていけば，主体的・対話的で深い学びの次のステージが見えてくるはずである。

　そのためにも「おもてなしの心」と「感謝の気持ち」を大切にしながら，お客様のためによりよいものを創り出そうとする生徒たちの可能性を信じて，生徒と共に新しい学習のスタイルにチャレンジし続けたい。

〈市立札幌みなみの杜高等支援学校：髙田　司志〉

■本事例の授業評価
会議形式の授業をする場合，児童生徒が主体的に意見を述べ議論が発展するように進行することは難しい。その点，本事例においては，ミーティングに参加する前に，コースごとにコース内の意見を集約してきており，そのことが，会議を進行する上で重要なポイントとなっている。また，タブレット端末を利用し，一定の形式に報告内容をまとめていることも重要である。「斬新な発想」をするには，事前の情報の整理が大切である。

第Ⅲ章
資料編

■新学習指導要領における各教科の目標

（1）生活

校種	教科の目標	段階	知識及び技能	思考力，判断力，表現力等	学びに向かう力，人間性等
小学部	具体的な活動や体験を通して、生活に関わる見方・考え方を生かし、自立し生活を豊かにしていくための資質・能力を次のとおり育成することを目指す。 （1）活動や体験の過程において、自分自身、身近な人々、社会及び自然の特徴に気付くとともに、生活に必要な習慣や技能を身に付けるようにする。 （2）自分自身や身の回りの生活のことや、身近な人々、社会及び自然と自分との関わりについて理解し、考えたことを表現することができるようにする。 （3）自分のことに取り組んだり、身近な人々、社会及び自然に自ら働きかけ、意欲や自信をもって学んだり、生活を豊かにしようとしたりする態度を養う。	1	ア 活動や体験の過程において、自分自身、身近な人々、社会及び自然の特徴に関心をもつとともに、身の回りの生活において必要な基本的な習慣や技能を身に付けるようにする。	イ 自分自身や身の回りの生活のことや、身近な人々、社会及び自然と自分との関わりについて関心をもち、感じたことを伝えようとする。	ウ 自分のことに取り組もうとしたり、身近な人々、社会及び自然に関心をもち、意欲をもって、生活に生かそうとしたりする態度を養う。
		2	ア 活動や体験の過程において、自分自身、身近な人々、社会及び自然の特徴の変化に気付くとともに、身近な生活において必要な習慣や技能を身に付けるようにする。	イ 自分自身や身の回りの生活のことや、身近な人々、社会及び自然と自分との関わりについて気付き、感じたことを表現しようとする。	ウ 自分のことに取り組もうとしたり、身近な人々、社会及び自然に自ら働きかけようとしたり、意欲や自信をもって学んだり、生活に生かそうとしたりする態度を養う。
		3	ア 活動や体験の過程において、自分自身、身近な人々、社会及び自然の特徴やよさ、それらの生活との関わりに気付くとともに、生活に必要な習慣や技能を身に付けるようにする。	イ 自分自身や身の回りの生活のことや、身近な人々、社会及び自然と自分との関わりについて理解し、考えたことを表現することができるようにする。	ウ 自分のことに取り組んだり、身近な人々、社会及び自然に自ら働きかけ、意欲や自信をもって学んだり、生活を豊かにしようとしたりする態度を養う。

（2）国語

校種	教科の目標	段階	知識及び技能	思考力，判断力，表現力等	学びに向かう力，人間性等

		ア	イ	ウ
小学部	言葉による見方・考え方を働かせ、言語活動を通して、国語で理解し表現する資質・能力を次のとおり育成することを目指す。 (1) 日常生活に必要な国語について、その特質を理解し使うことができるようにする。 (2) 日常生活における人との関わりの中で伝え合う力を身に付け、思考力や想像力を養う。 (3) 言葉で伝え合うよさを感じるとともに、言語感覚を養い、国語を大切にしてその能力の向上を図る態度を養う。	1	日常生活に必要な身近な言葉が分かり使うようになるとともに、いろいろな言葉や我が国の言語文化に触れることができるようにする。	言葉をイメージしたり、言葉による関わりを受け止めたりする力を養い、日常生活における人との関わりの中で伝え合い、自分の思いをもつことができるようにする。	言葉で表すことやそのよさを感じるとともに、言葉を使おうとする態度を養う。
		2	日常生活に必要な身近な言葉を身に付けるとともに、いろいろな言葉や我が国の言語文化に触れることができるようにする。	言葉が表す事柄を想起したり、言葉で受け止めたりする力を養い、日常生活における人との関わりの中で伝え合い、自分の思いをもつことができるようにする。	言葉がもつよさを感じるとともに、読み聞かせに親しみ、言葉でのやり取りや聞いたり伝えたりしようとする態度を養う。
		3	日常生活に必要な国語の知識や技能を身に付けるとともに、我が国の言語文化に触れ、親しむことができるようにする。	出来事の順序を思い出す力や想像したりする力を養い、日常生活における人との関わりの中で伝え合い、思い付いたり考えたりすることができるようにする。	言葉がもつよさを感じるとともに、図書に親しみ、思いや考えを伝えたり受け止めたりしようとする態度を養う。
中学部	言葉による見方・考え方を働かせ、言語活動を通して、国語で理解し表現する資質・能力を次のとおり育成することを目指す。 (1) 日常生活や社会生活に必要な国語について、その特質を理解し使うことができるようにする。 (2) 日常生活における人との関わりの中で伝え合う力を身に付け、思考力や想像力を養う。 (3) 言葉で伝え合うよさを感じるとともに、言語感覚を養い、国語を大切にしてその能力の向上を図る態度を養う。	1	日常生活や社会生活に必要な国語の知識や技能を身に付けるとともに、我が国の言語文化に親しむことができるようにする。	順序立てて考える力や想像したりする力を養い、日常生活や社会生活における人との関わりの中で伝え合い、自分の思いや考えを高め、自分の思いや考えをもつことができるようにする。	言葉がもつよさに気付くとともに、図書に親しみ、国語で考え伝え合ったりしようとする態度を養う。
		2	日常生活や社会生活、職業生活に必要な国語の知識や技能を身に付けるとともに、我が国の言語文化に親しむことができるようにする。	筋道立てて考える力や想像したりする力を養い、日常生活や社会生活における人との関わりの中で伝え合い、自分の思いや考えをまとめることができるようにする。	言葉がもつよさに気付くとともに、いろいろな図書に親しみ、国語を大切にして、思いや考えを伝え合おうとする態度を養う。

| 高等部 | 言葉による見方・考え方を働かせ、言語活動を通して、国語で理解し表現する資質・能力を次のとおり育成することを目指す。
（1）社会生活に必要な国語について、その特質を理解し適切に使うことができるようにする。
（2）社会生活における人との関わりの中で伝え合う力を高め、思考力や想像力を養う。
（3）言葉がもつよさを認識するとともに、言語感覚を養い、国語を大切にしてその能力の向上を図る態度を養う。 | 1 | ア 社会生活に必要な国語の知識や技能を身に付けるとともに、我が国の言語文化に親しむことができるようにする。 | イ 筋道立てて考える力や豊かに感じたり想像したりする力を養い、社会生活における人との関わりの中で伝え合う力を高め、自分の思いや考えをまとめることができるようにする。 | ウ 言葉がもつよさを認識するとともに、幅広く読書をし、国語を大切にして、思いや考えを伝え合おうとする態度を養う。 |
| | | 2 | ア 社会生活に必要な国語の知識や技能を身に付けるとともに、我が国の言語文化に親しんだり理解したりすることができるようにする。 | イ 筋道立てて考える力や豊かに感じたり想像したりする力を養い、社会生活における人との関わりの中で伝え合う力を高め、自分の思いや考えを広げることができるようにする。 | ウ 言葉がもつよさを認識するとともに、進んで読書をし、国語を大切にして、思いや考えを伝え合おうとする態度を養う。 |

（3）算数／数学

校種	教科の目標	段階	知識及び技能	思考力、判断力、表現力等	学びに向かう力、人間性等
小学部	数学的な見方・考え方を働かせ、数学的活動を通して、数学的に考える資質・能力を次のとおり育成することを目指す。 （1）数量や図形などについての基礎的・基本的な概念や性質などに気付き理解するとともに、日常の事象を数量や図形に注目して処理する技能を身に付けるようにする。 （2）日常の事象の中から数量や図形を直感的に捉える力、基礎的・基本的な数量や図形の性質などに気付き感じ取る力、数学的な表現	1	A 数量の基礎 ア 身の回りのものに気付き、対応させたり、組み合わせたりすることなどについての技能を身に付けるようにする。 B 数と計算 ア ものの有無や3までの数的要素に気付き、身の回りのものの数に関心をもって関わることについての技能を身に付けるようにする。 C 図形 ア 身の回りのものの上や前	A 数量の基礎 イ 身の回りにあるもの同士を対応させたり、組み合わせたりするなど、数量に関心をもって関わる力を養う。 B 数と計算 イ ものの有無や数的要素に注目し、数を直感的に捉え、数を用いて表現したりする力を養う。 C 図形 イ 身の回りのものの形に注目	A 数量の基礎 ウ 数量や図形に気付き、算数の学習に関心をもって取り組もうとする態度を養う。 B 数と計算 ウ 数量に気付き、算数の学習に関心をもって取り組もうとする態度を養う。 C 図形 ウ 図形に気付き、算数の学習に

小学部

1

を用いて事象を簡潔・明瞭・的確に表したり柔軟に表したりする力を養う。

（３）数学的活動の楽しさに気付き、関心や興味をもち、学習した事と結び付けてよりよく問題を解決しようとする態度、算数で学んだことを学習や生活に活用しようとする態度を養う。

し、関心をもって関わることについての技能を身に付けるようにする。

後、形の違いに気付き、違いに応じて関わることについての技能を身に付けるようにする。

　　D　測定

ア　身の回りにあるものの量の大きさに気付き、量の違いについての感覚を養うとともに、量に関わることについての技能を身に付けるようにする。

し、同じ形を捉えたり、形の違いを捉えたりする力を養う。

　　D　測定

イ　身の回りにあるものの大きさや長さなどの量の違いに気付し、量の大きさにより区別する力を養う。

関心をもって取り組もうとする態度を養う。

　　D　測定

ウ　数量や図形に関心をもち、算数の学習に関心をもって取り組もうとする態度を養う。

2

　　A　数と計算

ア　10までの数の概念や表し方について分かり、数についての感覚をもつとともに、ものと数との関係に関心をもって関わることについての技能を身に付けるようにする。

　　B　図形

ア　身の回りのものの形に着目し、集めたり、分類したりすることを通して、図形の違いが分かるようにするための技能を身に付けるようにする。

　　C　測定

ア　身の回りにある具体物の量の大きさに注目し、量の大きさの違いが分かるとともに、二つの量の大きさを比べることについての技能を身に付けるようにする。

　　D　データの活用

ア　身の回りのものや身近な出来事のつながりに関心をもち、で事のつながりなどの共通の要素

　　A　数と計算

イ　日常生活の事象について、具体物や図などの数に着目し、数の数え方を考え、表現する力を養う。

　　B　図形

イ　身の回りのものの形に関心をもち、分類したり、集めたりして、形の性質に気付く力を養う。

　　C　測定

イ　量に着目し、二つの量を比べる方法が分かり、一方を基準にして他方と比べる力を養う。

　　D　データの活用

イ　身の回りのものや身近な出来事のつながりなどの共通の要素

　　A　数と計算

ウ　数量に関心をもち、算数で数えることの楽しさやよさを感じながら興味をもって学ぶ態度を養う。

　　B　図形

ウ　図形に関心をもち、算数で数えることの楽しさやよさを感じながら興味をもって学ぶ態度を養う。

　　C　測定

ウ　数量や図形に関心をもち、算数で学んだことの楽しさやよさを感じながら興味をもって学ぶ態度を養う。

　　D　データの活用

ウ　数量や図形に関心をもち、算数で学んだことの楽しさやよさを感じながら興味をもって学ぶ態度を養う。

3	事のつながりに関心をもち、それを簡単な絵や記号などを用いた表やグラフで表したり、読み取ったりする方法についての技能を身に付けるようにする。 A 数と計算 ア 100までの数の概念や表し方について理解し、数に対する感覚を豊かにするとともに、加法、減法の意味について理解し、これらの簡単な計算ができるようにするとともに、これらについての技能を身に付けるようにする。 B 図形 ア 身の回りのものの形の観察などの活動を通して、図形について理解し、ものの形を豊かにするとともに、その形の合同、移動、位置、機能及び角の大きさの意味に関わる基礎的な知識を理解するとともに、これらについての技能を身に付けるようにする。 C 測定 ア 身の回りにある長さや体積などの量の単位と測定の意味について理解し、量の大きさについての感覚を豊かにするとともに、測定することなどについての技能を身に付けるようにする。	に着目し、簡単な表やグラフで表現する力を養う。 A 数と計算 イ 日常の事象について、ものの数に着目し、具体物や図などを用いながら数の数え方や計算の仕方を考え、表現する力を養う。 B 図形 イ 身の回りのものの形に着目し、ぴったり重なる形、移動、ものの位置及び機能的な特徴等について具体的に操作して考える力を養う。 C 測定 イ 身の回りにある量の単位に着目し、目的に応じて量を比較したり、量の大小及び相等関係を表現したりする力を養う。	を感じながら興味をもって学ぶ態度を養う。 A 数と計算 ウ 数量の違いを理解し、算数で学んだことのよさや楽しさを感じながら学習や生活に活用しようとする態度を養う。 B 図形 ウ 図形や数量の違いを理解し、算数で学んだことのよさや楽しさを感じながら学習や生活に活用しようとする態度を養う。 C 測定 ウ 数量や図形の違いを理解し、算数で学んだことのよさや楽しさを感じながら学習や生活に活用しようとする態度を養う。

中学部			ア	イ	ウ

数学的な見方・考え方を働かせ、数学的活動を通して、数学的に考える資質・能力を次のとおり育成することを目指す。

(1) 数量や図形などについての基礎的・基本的な概念や性質などに気付き理解するとともに、日常の事象を数量や図形に注目して処理する技能を身に付けるようにする。

(2) 日常の事象の中から数量や図形を直感的に捉える力、基礎的・基本的な数量や図形の性質に気付き感じ取る力、数学的な表現を用いて事象を簡潔・明瞭・的確に表したり柔軟に表したりする力を養う。

(3) 数学的活動の楽しさに気付き、関心や興味をもち、学習したことを結び付けてよりよく問題を解決しようとする態度、算数で学んだことを学習や生活に活用しようとする態度を養う。

1

領域	ア	イ	ウ
D データの活用	ア 身の回りにある事象を、簡単な絵や図を用いて整理したり表したりしながら、読み取り方について理解するとともにこの技能を身に付けるようにする。	イ 身の回りにある事象を、比較のために簡単な絵や図に置き換えて簡潔に表現したり、データを簡潔で表現したりして、考える力を養う。	ウ 数量や図形の違いを理解し、算数や数学で学んだことのよさや楽しさを感じながら学習や生活に活用しようとする態度を養う。
A 数と計算	ア 3位数程度の整数の概念について理解し、数に対する感覚を豊かにするとともに、加法、減法及び乗法の意味や性質について理解し、これらを計算することとについての技能を身に付けるようにする。	イ 数とその表現や数の関係に着目し、具体物や図などを用いて、数の表し方や計算の仕方など筋道立てて考えたり、関連付けて考えたりする力を養う。	ウ 数量に進んで関わり、数学的に表現・処理するとともに、数学で学んだことのよさに気付き、そのことを生活や学習に活用しようとする態度を養う。
B 図形	ア 三角形や四角形、箱の形などの基本的な図形について理解し、図形についての感覚を豊かにするとともに、構成したりすることなどについての技能を身に付けるようにする。	イ 三角形や四角形、箱の形などの基本的な図形を構成する要素に着目して、平面図形の特徴を捉えたり、身の回りの事象を図形の性質から関連付けて考えたりする力を養う。	ウ 図形に進んで関わり、数学的に表現・処理するとともに、数学で学んだことのよさに気付き、そのことを生活や学習に活用しようとする態度を養う。
C 測定	ア 身の回りにある長さ、体積、重さ及び時間の単位と測定の意味について理解し、量の大きさについての感覚を豊かにするとともに、それらを測定することについての技能を身に付けるようにする。	イ 身の回りの事象を量に着目して捉え、量の単位を用いて的確に表現する力を養う。	ウ 数量や図形に進んで関わり、数学的に表現・処理するとともに、数学で学んだことのよさに気付き、そのことを生活や学習に活用しようとする態度を養う。

	ア	イ	ウ
1	**D データの活用** ア 身の回りにあるデータを分類整理して簡単な表やグラフに表したり、それらを問題解決において用いたりすることについての技能を身に付けるようにする。	**D データの活用** イ 身の回りの事象を、データの特徴に着目して捉え、簡潔に表現したり、考察したりする力を養う。	**D データの活用** ウ データの活用に進んで関わり、数学的に表現・処理することとともに、数学で学んだことのよさに気付き、そのことを生活や学習に活用しようとする態度を養う。
2	**A 数と計算** ア 整数の概念や性質について理解を深め、数に対する感覚を豊かにするとともに、加法、減法、乗法及び除法の意味や性質について理解し、それらの計算ができるようにする。また、小数及び分数の意味や表し方について知り、数量とその関係を表したり読み取ったりすることについての技能を身に付けるようにする。 **B 図形** ア 二等辺三角形や正三角形など基本的な図形や面積、角の大きさについて理解し、図形について感覚を豊かにするとともに、図形を作図や構成したり、図形の面積や角の大きさを求めたりすることなどについての技能を身に付けるようにする。 **C 変化と関係** ア 二つの数量の関係や変化の様子を表や式、グラフで表すこと	**A 数と計算** イ 数を構成する単位に着目して、数の表し方や数の数について考えたり、計算の仕方を見いだし、汲う数の範囲を広げ、筋道立てて考えたりするとともに、日常生活の問題場面を数量に着目して捉え、処理した結果を場面をもとに振り返り、解釈及び判断する力を養う。 **B 図形** イ 二等辺三角形や正三角形などの基本的な図形を構成する要素に着目して、平面図形の特徴を捉えたり、身の回りの事象を図形の性質から考察したりする力、図形を構成する要素に着目し、図形の計量について考察する力を養う。 **C 変化と関係** イ 伴って変わる二つの数量などの関係に着目し、変化の特徴に気付き、二つの数量の関係	**A 数と計算** ウ 数量に関わり、数学的に表現・処理することとともに、数学で学んだことのよさを理解し、そのことを生活や学習に活用しようとする態度を養う。 **B 図形** ウ 図形や数量に進んで関わり、数学的に表現・処理することとともに、数学で学んだことのよさを理解し、そのことを生活や学習に活用に活用しようとする態度を養う。 **C 変化と関係** ウ 数量に関わり数量に進んで関わり、数学的に表現・処理することとともに、数

中学部

| 高等部 | 1 | 数学的な見方・考え方を働かせ、数学的活動を通して、数学的に考える資質・能力を次のとおり育成することを目指す。
（1）数量や図形などについての基礎的・基本的な概念や性質などを理解するとともに、日常の事象を数学的に解釈したり、数学的に表現・処理したりする技能を身に付けるようにする。
（2）日常の事象を数理的に捉え見通しをもち筋道を立てて考察する力、基礎的・基本的な数量や図形の性質などを見いだし統合的・発展的に考察する力、数学的な表現を用いて事象を簡潔・明瞭・的確に表現したり目的に応じて柔軟に表現したりする力を養う。
（3）数学的活動の楽しさや数学のよさを実感し、数学的な表現・処 | について理解するとともに、二つの数量の関係を割合を比べることについての技能を身に付けるようにする。

D データの活用
ア データを表や棒グラフ、折れ線グラフで表す表し方や読み取り方を理解し、それらを問題解決における用い方についての技能を身に付けるようにする。

A 数と計算
ア 整数、小数、分数及び概数の意味や表し方及び四則の関係について理解するとともに、整数、小数及び分数の計算についての意味や性質について理解し、それらを計算する技能を身に付けるようにする。

B 図形
ア 図形の形や大きさが決まる要素や要素を構成する要素の位置関係、図形の合同や多角形の性質、図形について理解し、図形を作図したり、三角形、平行四辺形、ひし形、合同の面積を求めたりする技能を身に付けるようにする。 | き、二つの数量の関係を表や式、グラフを用いて考察したり、割合を用いて考察したりする力を養う。

D データの活用
イ 身の回りの事象について整理されたデータの特徴に着目し、事象を簡潔に表現したり、適切に判断したりする力を養う。

A 数と計算
イ 数の表し方の仕組みや数を構成する単位に着目し、数の比べ方や表し方を統合的に捉えて考察したり、数とその表現や数量の関係に着目し、目的に合った表現方法を用いて計算の仕方を考察したりするとともに、数量の関係を簡潔に、また一般的に表現する力を養う。

B 図形
イ 図形を構成する要素や要素間の関係に着目し、構成の仕方を考察したり、図形の性質を見いだし、図形の性質を基に既習の図形を捉え直したり、ひし形、平行四辺形、三角形の面積の求め方を考え、その表現を振り返り、簡潔かつ的確な表現に高め、公式として導く力を養う。 | 学で学んだことのよさを理解し、そのことを生活や学習に活用しようとする態度を養う。

D データの活用
ウ データの活用に進んで関わり、数学的に表現・処理するとともに、数学で学んだことのよさを理解し、そのことを生活や学習に活用しようとする態度を養う。

A 数と計算
ウ 数量について数学的に表現・処理したことを振り返り、多面的に捉え検討してよりよいものを求めて粘り強く考える態度、数学のよさに気付き強く生活や学習に活用しようとする態度を養う。

B 図形
ウ 図形や数量について数学的に表現・処理したことを振り返り、多面的に捉え検討してよりよいものを求める態度、数学のよさに気付き生活や学習に活用しようとする態度を養う。 |

		1		
	C 変化と関係	ア 比例の関係や捉える異種の二つの量の割合として捉えられる数量の関係について理解するとともに、百分率について理解であるとともに、目的に応じて二つの数量の関係と別の二つの数量とを比べたり、表現したりする方法についての技能を身に付けるようにする。	イ 伴って変わる二つの数量の関係に着目し、その変化や対応の特徴を表や式を用いて考察したり、異種の二つの量の割合を用いた数量の比べ方を考察したりする力を養う。	ウ 数量について数学的に表現・処理したことを振り返り、多面的に捉え検討してよりよいものを求めて粘り強く考える態度、数学のよさに気付き数学や生活や学習に活用しようとする態度を養う。
	D データの活用	ア データを円グラフや帯グラフで表す方法や読み取り方、測定した結果を平均する方法について理解するとともに、それらの問題解決における用い方についての技能を身に付けるようにする。	イ 目的に応じてデータを収集し、データの特徴や傾向に着目して、表やグラフに的確に表現し、それらを用いて問題解決したり、解決の過程や結果を多面的に捉え考察したりする力を養う。	ウ データの活用について数学的に表現・処理したことを振り返り、多面的に捉え検討してよりよいものを求めて粘り強く考える態度、数学のよさに気付き数学や生活や学習に活用しようとする態度を養う。

		2		
	A 数と計算	ア 整数の性質、分数、文字を用いた式について理解するとともに、分数の計算についての意味や計算について理解し、それらを計算する技能を身に付けるようにする。	イ 数とその表現や計算の意味に着目し、発展的に考察して問題を見いだしたり、目的に応じて、多様な表現方法を用いながら、数の表し方や計算の仕方などを考察したりするとともに、数量の関係を簡潔かつ一般的に表現する力を養う。	ウ 数量について数学的に表現・処理したことを振り返り、多面的に捉え検討してよりよいものを求めて粘り強く考える態度、数学のよさに気付き、学習したことを実感し、学習や生活に活用しようとする態度を養う。
	B 図形	ア 平面図形を縮小したり、拡大したりすることの意味や、立体図形の体積の求め方について理解し、縮図、拡大図を作図した	イ 図形を構成する要素や図形間の関係に着目し、構成の仕方を考察したり、図形の性質を見いだし、それらを基に説明したりするとともに、円の面	ウ 図形や数量について数学的に表現・処理したことを振り返り、多面的に捉え検討してよりよいものを求めて粘り強く考え

高等部　理したことを振り返り、多面的に捉え検討してよりよいものを求めて数学を生活や学習に活用しようとする態度を養う。

C 変化と関係
ウ 数量について数学的に表現・処理したことを振り返り、多面的に捉え検討してよりよいものを求めて粘り強く考える態度、学習したことを生活や学習に活用しようとする態度を養う。

D データの活用
ウ データの活用について数学的に表現・処理したことを振り返り、多面的に捉え検討してよりよいものを求めて粘り強く考える態度、数学のよさを実感し、学習したことを生活や学習に活用しようとする態度を養う。

る態度、数学のよさを生活や学習に活用しようとする態度を養う。

積や立方体、直方体、角柱、円柱、円錐の体積の求め方を考え、その表現を振り返り、簡潔かつ的確な表現に高め、公式として導く力を養う。

C 変化と関係
イ 伴って変わる二つの数量の関係に着目し、目的に応じて表や式、グラフを用いて変化や対応の特徴や、比例の関係を前提に二つの数量の関係を考察したりする力を養う。

D データの活用
イ 目的に応じてデータを収集し、データの特徴や傾向に着目して、表やグラフに的確に表現し、それらを用いて問題解決したり、解決の過程や結果を批判的に捉え考察したりする力を養う。

り、円の面積や立方体、直方体、角柱、円柱、円錐の体積を求めたりする技能を身に付けるようにする。

C 変化と関係
ア 比例や反比例の関係、比について理解するとともに、伴って変わる二つの数量を見いだし、それらの関係について表や式を用いて表現したり、目的に応じて処理したりする方法についての技能を身に付けるようにする。

D データの活用
ア 量的データの分布の中心や散らばりの様子からデータの特徴を読み取る方法を理解するとともに、それらを問題解決における用い方についての技能を身に付けるようにする。

（4）音楽

校種	教科の目標	段階	知識及び技能	思考力、判断力、表現力等	学びに向かう力、人間性等
小学部	表現及び鑑賞の活動を通して、音楽的な見方・考え方を働かせ、生活の中の音や音楽に興味や関心をもって関わる資質・能力を次のとおり育成することを目指す。	1	ア 音や音楽に注意を向けて気付くとともに、関心を向け、音楽表現を楽しむために必要な身体表現、器楽、歌唱、音楽づくりにつながる技能を身に付けるよ	イ 音楽的な表現を楽しむことや、音や音楽に気付きながら心や興味をもって聴くことができるようにする。	ウ 音や音楽に気付いて、教師と一緒に音楽活動をする楽しさを感じることとともに、音楽経験を生かして生活を楽しいものにしようとする態度を養う。

		ア	イ	ウ
	2	ア 曲名や曲想について気付いたことや、音楽表現を楽しむために必要な身体表現、器楽、歌唱、音楽づくりの技能を身に付けるようにする。	イ 音楽表現を工夫することや、表現することを通じて、音や音楽に興味をもって聴くことができるようにする。	ウ 音や音楽に関わり、教師と一緒に音楽活動をする楽しさに興味をもちながら、音楽経験を生かして生活を明るく楽しいものにしようとする態度を養う。
	3	ア 曲名や曲想と音楽のつくりについて気付くとともに、音楽表現を楽しむために必要な身体表現、器楽、歌唱、音楽づくりの技能を身に付けるようにする。	イ 音楽表現に対する思いをもつことや、曲や演奏の楽しさを味わいながら音楽を味わって聴くことができるようにする。	ウ 音や音楽に楽しく関わり、協働して音楽活動をする楽しさを感じながら、身の回りの様々な音楽に興味をもつとともに、音楽経験を生かして生活を明るく潤いのあるものにする態度を養う。
中学部 表現及び鑑賞の活動を通して、音楽的な見方・考え方を働かせ、生活や社会の中の音や音楽、音楽文化と豊かに関わる関心や意欲をもって関わる資質・能力を次のとおり育成することを目指す。 （1）曲名や曲想と音楽のつくりについて気付くとともに、音や音楽表現するために必要な技能を身に付けるようにする。 （2）感じたことを表現することや、曲や演奏の楽しさを見いだしながら、音や音楽の楽しさを味わって聴くことができるようにする。 （3）音や音楽に楽しく関わり、協	1	ア 曲名や曲想と曲の雰囲気と音楽の構造などとの関わりについて気付くとともに、音楽表現をするために必要な歌唱、器楽、音楽づくり、身体表現の技能を身に付けるようにする。	イ 音楽表現を考えて表したい思いや音楽意図をもつことや、音や音楽を味わいながら聴くことができるようにする。	ウ 進んで音や音楽に関わり、協働して音楽活動をする楽しさを感じながら、様々な音楽に触れることとともに、音楽経験を生かして生活を明るく豊かにしようとする態度を養う。
	2	ア 曲名や曲想と音楽の構造などとの関わりについて理解するとともに、表したい音楽表現をするために必要な歌唱、器楽、音楽づくり、身体表現の技能を身に付けるようにする。	イ 音楽表現を考えて表したい思いや音楽意図をもつことや、曲や演奏のよさを味わいながら、音や音楽を味わって聴くことができるようにする。	ウ 主体的に楽しく音や音楽に関わり、協働して音楽活動をする楽しさを味わいながら、様々な音楽に親しむとともに、音楽経験を生かして生活を明るく潤いのあるものにする態度を養う。

142

校種	教科の目標	段階	知識及び技能	思考力、判断力、表現力等	学びに向かう力、人間性等
高等部	働して音楽活動をする楽しさを感じるとともに、身の回りの様々な音楽に親しむ態度を養い、豊かな情操を培う。 表現及び鑑賞の幅広い活動を通して、音楽的な見方・考え方を働かせ、生活や社会の中の音や音楽、音楽文化と豊かに関わる資質・能力を次のとおり育成することを目指す。 (1) 曲想と音楽の構造などとの関わり及び音楽の多様性について理解するとともに、創意工夫を生かした音楽表現をするために必要な技能を身に付けるようにする。 (2) 音楽表現を創意工夫することや、音楽を自分なりに評価しながらよさや美しさを味わって聴くことができるようにする。 (3) 主体的・協働的に表現及び鑑賞の学習に取り組み、音楽活動の楽しさを体験することを通して、音楽を愛好する心情と音楽に対する感性を育むとともに、音楽に親しんでいく態度を養い、豊かな情操を培う。	1	ア 曲想と音楽の構造などとの関わりについて理解するとともに、創意工夫を生かした音楽表現をするために必要な歌唱、器楽、創作、身体表現の技能を身に付けるようにする。	イ 音楽表現を創意工夫することや、音楽のよさや美しさを見いだしながら音楽を味わって聴くことができるようにする。	ウ 主体的・協働的に表現及び鑑賞の学習に取り組み、音楽活動の楽しさを体験することを通して、音楽文化に親しみ、音楽経験を生かして生活を明るく豊かなものにしていく態度を養う。
		2	ア 曲想と音楽の構造や背景などとの関わり及び音楽の多様性について理解するとともに、創意工夫を生かした音楽表現をするために必要な歌唱、器楽、創作、身体表現の技能を身に付けるようにする。	イ 音楽表現を創意工夫することや、音楽を自分なりに評価しながらよさや美しさを味わって聴くことができるようにする。	ウ 主体的・協働的に表現及び鑑賞の学習に取り組み、音楽活動の楽しさを体験することを通して、音楽文化に親しむとともに、音楽によって生活を明るく豊かなものにしていく態度を養う。

（5）図画工作／美術

校種	教科の目標	段階	知識及び技能	思考力、判断力、表現力等	学びに向かう力、人間性等
小学部	表現及び鑑賞の活動を通して、造形的な見方・考え方を働かせ、生活や社会の中の形や色などと豊かに関わる資質・能力を次のとおり育成することを目指す。	1	ア 形や色などに気付き、材料や用具を使おうとするようにする。	イ 表したいことを思い付いたり、作品を見たりできるようにする。	ウ 進んで表したり見たりする活動に取り組み、つくりだすことの楽しさに気付くとともに、形や色などに関わることにより楽しい生活を創造しようとする態度を養う。

			ア	イ	ウ
小学部	（1）形や色などの造形的な視点に気付き、表したいことに合わせて材料や用具を使い、表し方を工夫してつくることができるようにする。 （2）造形的なよさや美しさ、表したいことや表し方について考え、発想や構想をしたり、身の回りの作品などから自分の見方や感じ方を広げたりすることができるようにする。 （3）つくりだす喜びを育み、感性を育み、楽しく豊かな生活を創造しようとする態度を養い、豊かな情操を培う。	2	ア 形や色などの違いに気付き、表したいことを基に材料や用具を使い、表し方を工夫してつくるようにする。	イ 表したいことを思い付いたり、作品などの面白さや楽しさを感じ取ったりすることができるようにする。	ウ 進んで表現や鑑賞の活動に取り組み、つくりだす喜びを感じるとともに、形や色などに関わり楽しく生活を創造しようとする態度を養う。
		3	ア 形や色などの造形的な視点に気付き、表したいことを基に材料や用具を使って材料や用具を使い、表し方を工夫してつくるようにする。	イ 造形的なよさや美しさ、表したいことや表し方などについて考え、発想や構想をしたり、身の回りの作品などから自分の見方や感じ方を広げたりすることができるようにする。	ウ 進んで表現や鑑賞の活動に取り組み、つくりだす喜びを味わうとともに、感性を育み、形や色などに関わり楽しく豊かな生活を創造しようとする態度を養う。
中学部	表現及び鑑賞の活動を通して、造形的な見方・考え方を働かせ、生活や社会の中の美術や美術文化に関わる資質・能力を次のとおり育成することを目指す。 （1）造形的な視点について理解し、表したいことに合わせて材料や用具を使い、表し方を工夫する技能を身に付けるようにする。 （2）造形的なよさや美しさ、表したいことや表し方などについて考え、発想や構想をしたり、身の回りの作品などから自分の見方や感じ方を広げたりすることができるようにする。 （3）つくりだす喜びを味わうとともに	1	ア 造形的な視点について気付き、材料や用具の扱い方に親しむとともに、表し方を工夫する技能を身に付けるようにする。	イ 造形的なよさや面白さ、表したいことや表し方などについて考え、経験したことや材料などを基に、発想し構想するとともに、身近にある造形や作品などから、自分の見方や感じ方を広げることができるようにする。	ウ 楽しく美術の活動に取り組み、創造活動の喜びを味わい、美術を愛好する心情を培い、心豊かな生活を営む態度を養う。
		2	ア 造形的な視点について理解し、材料や用具の扱い方などを身に付けるとともに、表し方を工夫する技能を身に付けるようにする。	イ 造形的なよさや美しさ、表したいことや表し方などについて考え、経験したこと、材料などを基に、発想し構想するとともに、自分たちの作品や美術作品などに親しみ自分の見方や感じ方を深めることができるようにする。	ウ 主体的に美術の活動に取り組み、創造活動の喜びを味わい、美術を愛好する心情を高め、心豊かな生活を営む態度を養う。

もに、感性を育み、楽しく豊かな生活を創造しようとする態度を養い、豊かな情操を培う。

校種	教科の目標	段階	知識及び技能	思考力、判断力、表現力等	学びに向かう力、人間性等
高等部	表現及び鑑賞の幅広い活動を通して、造形的な見方・考え方を働かせ、生活や社会の中の美術や美術文化と豊かに関わる資質・能力を次のとおり育成することを目指す。 （1）造形的な視点について理解するとともに、表現方法を創意工夫し、創造的に表すことができるようにする。 （2）造形的なよさや美しさ、表現の意図と工夫などについて考え、主題を生み出し発想し構想したり、美術や美術文化に対する見方や感じ方を深めたりすることができるようにする。 （3）美術の創造活動の喜びを味わい、美術を愛好する心情を育み、感性を豊かにし、心豊かな生活を創造していく態度を養い、豊かな情操を培う。	1	ア 造形的な視点について理解するとともに、意図に応じて表現方法を工夫して表すことができるようにする。	イ 造形的なよさや美しさ、表現の意図と工夫などについて考え、主題を生み出し構想を練ったり、美術や美術文化などに対する見方や感じ方を広げたりすることができるようにする。	ウ 楽しく美術の活動に取り組み創造活動の喜びを味わい、美術を愛好する心情を培い、心豊かな生活を創造していく態度を養う。
		2	ア 造形的な視点について理解するとともに、意図に応じて自分の表現方法を追求して創造的に表すことができるようにする。	イ 造形的なよさや創造的な工夫などについて考え、主題を生み出し発想し構想を練ったり、美術や美術文化などに対する見方や感じ方を深めたりすることができるようにする。	ウ 主体的に美術の創造活動に取り組み創造活動の喜びを味わい、美術を愛好する心情を深め、心豊かな生活を創造していく態度を養う。

（6）体育／保健体育

校種	教科の目標	段階	知識及び技能	思考力、判断力、表現力等	学びに向かう力、人間性等
小学部	体育や保健の見方・考え方を働かせ、課題に気付き、その解決に向けた学習過程を通して、心と体を一体として捉え、生涯にわたって心身の	1	ア 教師と一緒に、楽しく体を動かすことができるようにするとともに、健康な生活に必要な事柄ができるようにする。	イ 体を動かすことの楽しさや心地よさを表現できるようにするとともに、健康な生活に必要な事柄について教師に	ウ 簡単な合図や指示に従って、楽しく運動をしようとしたり、健康な生活をしようとしたりする態度を養う。

小学部	健康を保持増進し、豊かなスポーツライフを実現するための資質・能力を次のとおり育成することを目指す。 （1）遊びや基本的な運動の行い方及び身近な生活における健康について知るとともに、基本的な動きや健康な生活に必要な事柄を身に付けるようにする。 （2）遊びや基本的な運動及び健康についての自分の課題に気付き、その解決に向けて自ら考え行動し、他者に伝える力を養う。 （3）遊びや基本的な運動に親しむことや健康の保持増進と体力の向上を目指し、楽しく明るい生活を営む態度を養う。	2	ア 教師の支援を受けながら、楽しく基本的な運動ができるようにするとともに、健康な生活に必要な事柄ができるようにする。 イ 基本的な運動に慣れ、その楽しさや感じたことを表現できるようにするとともに、健康な生活に向け、感じたことを他者に伝える力を養う。 ウ 簡単なきまりを守り、友達とともに安全に楽しく運動をしようとしたり、健康に必要な事柄をしようとする態度を養う。
		3	ア 基本的な運動の楽しさを感じ、その行い方を知り、基本的な動きを身に付けるとともに、健康や身体の変化について知り、健康な生活ができるようにする。 イ 基本的な運動の楽しみ方や健康な生活の仕方について工夫するとともに、考えたことや気付いたことなどを他者に伝える力を養う。 ウ きまりを守り、自分から友達と仲よく楽しく運動をしたり、場や用具の安全に気を付けしようとするとともに、自分から健康・安全の大切さに気付き、自己の健康の保持増進に進んで取り組む態度を養う。
中学部	体育や保健の見方・考え方を働かせ、課題を見付け、その解決に向けた学習過程を通して、心と体を一体として捉え、生涯にわたって心身の健康を保持増進し、豊かなスポーツライフを実現するための資質・能力を次のとおり育成することを目指す。 （1）遊びや基本的な運動の行い方及び身近な生活における健康について知るとともに、基本的な動きや健康な生活に必要な事柄を身に付けるようにする。 （2）遊びや基本的な運動及び健康についての自分の課題に気付き、	1	ア 各種の運動の楽しさや喜びに触れ、その特性に応じた行い方及び体の発育・発達やけがの防止、病気の予防などの仕方が分かり、基本的な動きや技能を身に付けるようにする。 イ 各種の運動や健康な生活における自分のための解決のための課題を見付け、その解決のための活動を考えたり、工夫したりしたことを他者に伝える力を養う。 ウ 各種の運動に進んで取り組み、きまりや簡単なスポーツのルールなどを守り、友達と協力したり、場や用具の安全に留意したり、最後まで楽しく運動をする態度を養う。また、健康・安全の大切さに気付き、自己の健康の保持増進に進んで取り組む態度を養う。
		2	ア 各種の運動の楽しさや喜びを味わい、その特性に応じた行い方及び体の発育・発達やけがの防止、病気の予防などの仕方について理解し、基本的な技能を身に付けるようにする。 イ 各種の運動や健康な生活における自分やグループの課題を見付け、その解決のために友達と考えたり、工夫したりしたことを他者に伝える力を養う。 ウ 各種の運動に積極的に取り組み、きまりや簡単なスポーツのルールなどを守り、友達と助け合ったり、場や用具の安全に留意したりし、自己の最善を尽くす態度を養う。

※ 伝えることができるようにする。

	その解決に向けて自ら考え行動し、他者に伝える力を養う。 （3）遊びや基本的な運動に親しむことや健康の保持増進と体力の向上を目指し、楽しく明るい生活を営む態度を養う。		身に付けるようにする。		して運動をする態度を養う。また、健康・安全の大切さに気付き、自己の健康の保持増進と回復に進んで取り組む態度を養う。
高等部	体育や保健の見方・考え方を働かせ、課題を発見し、合理的・計画的な解決に向けた主体的・協働的な学習過程を通して、心と体を一体として捉え、生涯にわたって心身の健康を保持増進し、豊かなスポーツライフを継続するための資質・能力を次のとおり育成することを目指す。 （1）各種の運動の特性に応じた技能等や個人生活及び社会生活における健康・安全についての理解を深めるとともに、目的に応じた技能を身に付けるようにする。 （2）各種の運動や健康・安全についての自他や社会の課題を発見し、その解決に向けて仲間と思考し判断するとともに、目的や状況に応じて他者に伝える力を養う。 （3）生涯にわたって運動に親しむことや、健康の保持増進と体力の向上を目指し、明るく豊かで活力ある生活を営む態度を養う。	1	ア 各種の運動の楽しさや喜びを味わい、その特性に応じた技能等や心身の発育・発達、健康・安全な生活に必要な事柄などを理解するとともに、技能を身に付けるようにする。	イ 各種の運動や健康・安全な生活を営むための自他の課題を発見し、その解決のための方策を工夫したり、仲間と考えたりしたことを、他者に伝える力を養う。	ウ 各種の運動における多様な経験を通して、きまりやルール、マナーなどを守り、仲間と協力したり、場や用具の安全を確保したり、自己の最善を尽くして自主的に運動をする態度を養う。また、健康・安全に留意し、健康の保持増進と回復に積極的に取り組む態度を養う。
		2	ア 各種の運動の楽しさや喜びを深く味わい、その特性に応じた技能等や心身の発育・発達、個人生活及び社会生活に必要な健康・安全に関する事柄などの理解を深めるとともに、目的に応じた技能を身に付けるようにする。	イ 各種の運動や健康・安全な生活を営むための自他の課題を発見し、よりよい解決のために仲間と思考し判断したことを、目的や状況に応じて他者に伝える力を養う。	ウ 各種の運動における多様な経験を通して、きまりやルール、マナーなどを守り、自己の役割を果たし仲間と協力したり、場や用具の安全を確保したり、生涯にわたって運動に親しむ態度を養う。また、健康・安全に留意し、健康の保持増進と回復に自主的に取り組む態度を養う。

（7）職業・家庭／職業

校種	教科の目標	段階	知識及び技能	思考力、判断力、表現力等	学びに向かう力、人間性等
中学部	生活の営みに係る見方・考え方や職業の見方・考え方を働かせ、生活や職業に関する実践的・体験的な学習活動を通して、よりよい生活の実現に向けて工夫する資質・能力を次のとおり育成することを目指す。 （1）生活や職業に対する関心を高め、将来の家庭生活や職業生活に係る基礎的な知識や技能を身に付けるようにする。 （2）将来の家庭生活や職業生活に必要な事柄を見いだして課題を設定し、解決策を考え、実践を評価・改善し、自分の考えを表現するなどして、課題を解決する力を養う。 （3）よりよい家庭の実現に向けて、生活を工夫し考えようとする実践的な態度を養う。	1	職業に係る見方・考え方を働かせ、作業や実習に関する実践的・体験的な学習活動を通して、よりよい生活の実現に向けて工夫する資質・能力を次のとおり育成することを目指す。 職業分野 ア 職業について関心をもち、将来の職業生活に係る基礎的な知識や技能を身に付けるようにする。	職業分野 イ 将来の職業生活に必要な事柄について触れ、課題や解決策に気付き、実践し、課題を解決するなど、課題を解決する力の基礎を養う。	職業分野 ウ 将来の職業生活の実現に向けて、生活を工夫しようとする態度を養う。
		2	職業に係る見方・考え方を働かせ、作業や実習に関する実践的・体験的な学習活動を通して、よりよい生活の実現に向けて工夫する資質・能力を次のとおり育成することを目指す。 職業分野 ア 働くことに対する関心を高め、将来の職業生活に係る基礎的な知識や技能を身に付けるようにする。	職業分野 イ 将来の職業生活に必要な事柄を見いだして課題を設定し、解決策を考え、実践し、考えたことを振り返り、考えたことを表現するなど課題を解決する力を養う。	職業分野 ウ 将来の職業生活の実現に向けて、生活を工夫し考えようとする実践的な態度を養う。
高等部	職業に係る見方・考え方を働かせ、職業など卒業後の進路に関する実践的・体験的な学習活動を通して、よりよい生活の実現に向けて工夫する資質・能力を次のとおり育成することを目指す。 （1）職業に関する事柄について理解を深めるとともに、将来の職業	1	ア 職業に関する事柄について理解するとともに、将来の職業生活に係る技能を身に付けるようにする。	イ 将来の職業生活を見据え、必要な事柄を見いだして課題を設定し、解決策を考え、実践を評価し、表現する力を養う。	ウ よりよい将来の職業生活の実現や地域社会への参画に向けて、生活を工夫しようとする実践的な態度を養う。
		2	ア 職業に関する事柄について理解を深めるとともに、将来の職業生活に係る技能を身に付けるようにする。	イ 将来の職業生活を見据え、必要な事柄を見いだして課題を設定し、解決策を考え、実践を評価・改善し、表現する力を養う。	ウ よりよい将来の職業生活の実現や地域社会への貢献に向けて、生活を改善しようとする実践的な態度を養う。

にする。

（2）将来の職業生活を見据え、必要な事柄を見いだして課題を設定し、解決策を考え、実践し、表現する力を養う。

（3）よりよい将来の職業生活の実現や地域社会への貢献に向けて、生活を改善しようとする実践的な態度を養う。

生活に係る技能を身に付けるようにする。

（8）職業・家庭／家庭

校種	教科の目標	段階	知識及び技能	思考力、判断力、表現力等	学びに向かう力、人間性等
中学部	生活の営みに係る見方・考え方・考え方や職業の見方・考え方を働かせ、生活や職業に関する実践的・体験的な学習活動を通して、よりよい生活の実現に向けて工夫する資質・能力を次のとおり育成することを目指す。 （1）生活や職業に対する関心を高め、将来の家庭生活や職業生活に係る基礎的な知識や技能を身に付けるようにする。 （2）将来の家庭生活や職業生活に必要な事柄を見いだして課題を設定し、解決策を考え、実践し、評価・改善し、自分の考えを表現するなどして、課題を解決する力を養う。	1	生活の営みに係る見方・考え方・考え方を働かせ、衣食住などに関する実践的・体験的な学習活動を通して、よりよい生活の実現に向けて工夫する資質・能力を次のとおり育成することを目指す。 **家庭分野** ア　家庭の中の自分の役割に気付き、生活の自立に必要な家族・家庭、衣食住、消費や環境等についての基礎的な理解を図るとともに、それらに係る技能を身に付けるようにする。	**家庭分野** イ　家庭生活に必要な事柄について触れ、課題や解決策に気付き、実践し、学習したことを伝えるなど、日常生活において課題を解決する力の基礎を養う。	**家庭分野** ウ　家族や地域の人々とのやりとりを通して、よりよい生活の実現に向けて、生活を工夫しようとする態度を養う。
		2	生活の営みに係る見方・考え方・考え方を働かせ、衣食住などに関する実践的・体験的な学習活動を通して、よりよい生活の実現に向けて工夫する資質・能力を次のとおり育成することを目指す。 **家庭分野** ア　家族や自分の役割について理解し、生活の自立に必要な家族・家庭、衣食住、消費や環境	**家庭分野** イ　家庭生活に必要な事柄について考え、課題を設定し、解決策を考え、実践し、学習したこと	**家庭分野** ウ　家族や地域の人々とのやりとりを通して、よりよい生活の実現に向けて、生活を工夫し考え

高等部			ア	イ	ウ
	（3）よりよい家庭や将来の職業生活の実現に向けて、生活を工夫し考えようとする実践的な態度を養う。		等についての基礎的な理解を図るとともに、それらに係る技能を身に付けるようにする。	を振り返り、考えたことを表現するなど、日常生活において課題を解決する力を養う。	ようとする実践的な態度を養う。
	生活の営みに係る見方・考え方を働かせ、衣食住などに関する実践的・体験的な学習活動を通して、よりよい生活の実現に向けて工夫する資質・能力を次のとおり育成することを目指す。 （1）家族・家庭の機能について理解を深め、生活の自立に必要な家族・家庭、衣食住、消費や環境等についての基礎的な理解を図るとともに、それらに係る技能を身に付けるようにする。 （2）家庭や地域における生活の中から問題を見いだして課題を設定し、解決策を考え、実践を評価・改善し、考えたことを表現するなど、課題を解決する力を養う。 （3）家族や地域の人々との関わりを考え、家族の一員として、よりよい生活の実現に向けて、生活を工夫し考えようとする実践的な態度を養う。	1	ア 家族・家庭の機能について理解し、生活の自立に必要な家族・家庭、衣食住、消費や環境等についての基礎的な理解を図るとともに、それらに係る技能を身に付けるようにする。	イ 家庭や地域における生活の中から問題を見いだして課題を設定し、解決策を考え、実践を評価・改善するなど、課題を解決する力を養う。	ウ 家庭や地域の人々との関わりを通して、よりよい生活の実現に向けて、生活を工夫し考えようとする実践的な態度を養う。
		2	ア 家族・家庭の機能について理解を深め、生活の自立に必要な家族・家庭、衣食住、消費や環境等についての基礎的な理解を図るとともに、それらに係る技能を身に付けるようにする。	イ 家庭や地域における生活の中から問題を見いだして課題を設定し、解決策を考え、実践を評価・改善するなど、課題を解決する力を養う。	ウ 家庭や地域の人々との関わりを通して、よりよい生活の実現に向けて、生活を工夫し考えようとする実践的な態度を養う。

執筆者一覧

【監修者】

横倉　　久　　　国立特別支援教育総合研究所上席総括研究員

【編著者】

全国特別支援学校知的障害教育校長会

　　　担当：村山　　孝　　　東京都立府中けやきの森学園統括校長

　　　　　　宮田　　守　　　東京都立調布特別支援学校校長

　　　　　　國松利津子　　　東京都立小金井特別支援学校校長

　　　　　　鈴木　常義　　　東京都立しいの木特別支援学校校長

　　　　　　田邊陽一郎　　　東京都立江東特別支援学校校長

　　　　　　柳澤　由香　　　東京都立石神井特別支援学校校長

　　　　　　山本　和彦　　　東京都立青峰学園校長

【執筆者】

村山　　孝　　　前掲

横倉　　久　　　前掲

村上　直也　　　岡山県総合教育センター指導主事

三島　　真　　　鳥取県立倉吉養護学校教諭

佐々木　基　　　愛知県立豊橋特別支援学校教諭

古川伊久磨　　　熊本県立熊本支援学校教諭

髙橋　妹子　　　元　青森県立青森第二養護学校教諭

　　　　　　　　現　青森県総合学校教育センター指導主事

吉本　早織　　　大阪府立すながわ高等支援学校指導教諭

加嶋みずほ　　　東京都立高島特別支援学校教諭

山田絵里香　　　富山県立高岡支援学校教諭

寺田　遼子　　　静岡県立掛川特別支援学校教諭

数土　浩行　　　北海道札幌高等養護学校教諭

坂本　衣美　　　前　香川県立香川中部養護学校教諭

　　　　　　　　現　香川県立香川丸亀養護学校教諭

宮武　智恵　　　香川県立香川中部養護学校教諭

中村　　晋　　　前　筑波大学附属大塚特別支援学校主幹教諭

　　　　　　　　現　帝京大学准教授

武崎　祐子　　　栃木県立南那須特別支援学校教諭

大貫　達也　　　千葉県立飯高特別支援学校教諭

藤本　綾子　　　前 鳴門教育大学附属特別支援学校教諭

　　　　　　　　現 徳島県立板野支援学校教諭

榎本昌太郎　　　秋田県立比内支援学校教諭

菅原　貴行　　　島根県立石見養護学校教諭

柏木美樹子　　　福岡県立特別支援学校「福岡高等学園」指導教諭

髙田　司志　　　市立札幌みなみの杜高等支援学校教諭

（以上，執筆順。所属等は令和 2 年 8 月現在）

知的障害特別支援学校における
「深い学び」の実現
～指導と評価の一体化　事例 18 ～

2020（令和 2）年 10 月 8 日　初版第 1 刷発行
2022（令和 4）年 1 月 31 日　初版第 2 刷発行

監修者：横倉　久
編著者：全国特別支援学校知的障害教育校長会
発行者：錦織　圭之介
発行所：株式会社東洋館出版社
　　　　〒 113-0021　東京都文京区本駒込 5 丁目 16 番 7 号
　　　　営業部　電話：03-3823-9206　FAX：03-3823-9208
　　　　編集部　電話：03-3823-9207　FAX：03-3823-9209
　　　　振　替　00180-7-96823
　　　　Ｕ Ｒ Ｌ　http://www.toyokan.co.jp

印刷・製本：藤原印刷株式会社
デ ザ イ ン：藤原印刷株式会社

ISBN978-4-491-04104-9　　　　　　　　　　　　Printed in Japan

JCOPY ＜㈳出版者著作権管理機構　委託出版物＞
本書の無断複写は著作権法上での例外を除き禁じられています。複写される場合は，そのつど事前に，㈳出版者著作権管理機構（電話 03-5244-5088，FAX 03-5244-5089，e-mail：info@jcopy.or.jp）の許諾を得てください。